ES TIEMPO *de* SANAR

BRIANNA WIEST

DIANA

Título original: *When You're Ready, This Is How You Heal*

Créditos de portada: Planeta Arte y Diseño / Estudio Land
Adaptación de portada: © Genoveva Saavedra / aciditadiseño
Ilustración de portada: Realizado a partir de imágenes de © iStock
Fotografía del autor: © Janelle Putrich
Traducido por: María Estela Peña Molatore

Bajo el sello editorial DIANA M.R.
Avenida Presidente Masarik núm. 111,
Piso 2, Polanco V Sección, Miguel Hidalgo
C.P. 11560, Ciudad de México
www.planetadelibros.us

Primera edición impresa en esta presentación: noviembre de 2024
ISBN: 978-607-39-1848-0

Impreso en los talleres de Bertelsmann Printing Group USA
25 Jack Enders Boulevard, Berryville, Virginia 22611, USA.
Impreso en U.S.A - *Printed in the United States of America*

Para los que se enfrentan a una bifurcación en el camino…
Solo hay un camino: el que te lleva a tu verdad.

ÍNDICE

INTRODUCCIÓN

La sanación no es un acontecimiento que ocurre una sola vez.

Puede comenzar con un suceso único, normalmente en forma de una pérdida repentina que altera la idea que teníamos de cómo podría ser nuestro futuro. Sin embargo, el verdadero trabajo de sanación consiste en permitir que esa alteración nos despierte de un profundo estado de inconsciencia, para soltar a los personajes a los que nos hemos adaptado y comenzar a construir de manera consciente la verdad completa de la persona que estamos destinados a ser.

El motivo de las experiencias que catalizan la sanación no es que simplemente nos recuperemos de un golpe al ego, sino que, por primera vez, reconozcamos que tenemos un ego. Es un momento de reconciliación en el que se nos pide que nos demos cuenta de que, en palabras de Michael Murphy, «hay una vida superior abriéndose paso para nacer».

Si no respondemos a este llamado, seguirá apareciendo en nuestra vida, a menudo con patrones y sentimientos similares. Volveremos a preguntarnos una y otra vez: «*¿Cómo* *es que sigo aquí?»* o *«¿Cómo es que regresé aquí?»*. La respuesta es que el mismo llamado sigue llegando hasta que nuestra mente subconsciente acepta embarcarse en el viaje de nuestro propio devenir. Se trata de un proceso que nos devuelve plenamente al recuerdo de la verdad perfecta, íntegra y completa de lo que somos. Es una búsqueda que dura toda la vida, porque debemos cuidar a diario los jardines de nuestra mente que, como los niños, no puede manejarse enteramente a sí misma. Nuestra vida requiere que de nuestro interior emerja un aspecto adulto con mayor capacidad de desempeño, que tome en cuenta el futuro y que se siente en el asiento del piloto.

Se trata de un viaje porque ninguna sanación, ya sea física o espiritual, es algo que ocurra de forma lineal, y tampoco sin interrupciones o cambios repentinos. La vida se contrae antes de expandirse y retrocede antes de avanzar. Este acto de equilibrio no es algo a lo que debamos resistirnos, sino más bien acoger. Y cuanto más evitemos hacerlo, más tiempo nos quedaremos en el suceso o la serie de sucesos que surgieron en nuestro camino para despertarnos, en lugar de comenzar realmente el trabajo que es más difícil, pero mucho más gratificante.

En muchos sentidos, no es que el viaje de sanación sea un capítulo de tu historia, sino más bien un cambio en la forma de escribir todo el libro. Es un cambio en tu forma de moverte por el mundo, un cambio en el que pasas de estar decepcionado porque la vida no ha cumplido todas tus expectativas a ampliar tu visión para percibir toda la magia, la maravilla, el asombro, el dolor, la pérdida, la ganancia, el contraste que nos hace perfecta e imprevisiblemente humanos.

Nuestro yo sanado no es nuestro yo más perfecto. No es inmune a la tristeza, al dolor o al miedo. Solo que ya no se ve controlado por esas experiencias. Siente tristeza cuando es el momento de la tristeza, dolor cuando es el momento del dolor y, con mayor frecuencia, satisfacción. Teme cosas desconocidas o importantes —incluso ambas—, pero no permite que esa emoción le impida avanzar. La vida puede ser muy desafiante y profundamente injusta y, sin la capacidad de atravesar los sentimientos que pueden acompañar a nuestras experiencias en tiempo real, a menudo nos quedamos atrapados en las viejas historias que una vez tejimos alrededor de ellas.

Cuando somos capaces de validar, aceptar y procesar nuestra propia experiencia humana independientemente de cualquier otra persona, ocurre algo mágico: empezamos a reconectar con nuestros verdaderos deseos, haciendo caso a nuestros instintos más sutiles, y dejamos de sabotear nuestros pensamientos y sentimientos inspirados. De este modo, damos entrada a un despliegue serendípico de acontecimientos, gracias a los cuales empezaremos a reconocer que hay un hilo común que nos lleva a través de cada una de estas experiencias, y que es la guía silenciosa de nuestra alma: siempre presente, y siempre guiándonos más allá de lo que podemos ver en tiempo real.

Cuando empezamos a reconocer este poder, comenzamos a confiar más en él. Al hacerlo, comenzamos a notar que durante lapsos cada vez más largos, sentimos que fluimos y sentimos amor. Nuestra vida comienza a volver a la armonía gracias a nuestra nueva perspectiva centrada y aterrizada. Al final, nos damos cuenta de que nunca estuvimos realmente perdidos, sino que solo nos dimos un espacio para procesar antes de poder avanzar completamente.

Tu primer propósito es sanar.

El mero impacto de convertirte en la persona que sabes que estás destinada a ser tendrá un efecto dominó en todos y en todo lo que te rodea, y nada volverá a ser igual. Si no puedes imaginar de qué otra forma podrías dejar un legado, ayudar a los demás o hacer algo significativo con tu vida, el lugar más importante para empezar es dentro de ti mismo.

Pero también es el lugar más difícil para empezar.

Es mucho más sencillo mirar hacia afuera y señalar con el dedo lo que creemos que los demás hacen mal. Es más desafiante mirarnos en el espejo y ser honestos en cuanto a las formas en que no hemos estado viviendo a la altura de nuestro verdadero potencial, para identificar las áreas de la vida en las que tenemos espacio para el crecimiento, y luego empujarnos de forma consistente a dar la cara cada día para hacer que esos cambios se manifiesten.

Cuando nos adueñamos del destino único que nos corresponde, el colectivo sana con nosotros, porque todos somos piezas del conjunto. No obstante, la perfección será imposible, puesto que es en el contraste donde este mundo se convierte en lo que debe ser: un campo de entrenamiento para el desarrollo del alma. No se trata de intentar tomar el mundo y convertirlo en lo que pensamos que podría ser su iteración más perfecta, sino de hacer por fin lo que siempre habíamos deseado: despertar, recordar, ser testigos de cómo nuestras propias semillas de potencial echan raíces.

Así como no hay dos personas exactamente iguales, cada propósito que perseguimos es también único, y esto es precisamente lo que este libro pretende hacer: que cada uno de nosotros descubra las pequeñas y grandes formas en las que realmente podemos afectar a los que nos rodean, en el rincón de la tierra que nos fue dado, en las maneras específicas en que lo hacemos, durante el tiempo que nos corresponde.

No eres el único que ha escuchado el llamado a despertar de la vida que habías planeado para comprometerte de todo corazón con la vida que has estado esperando. Y si un número suficiente de personas es capaz de hacerlo, creo que tendremos el potencial de ver cambios inmensos en nuestra realidad física compartida. De hecho, no hay una sola persona que no necesite sanación, porque no hay una sola persona que no necesite despertar de su inconsciencia y entrar en el ámbito de todo lo que la vida puede ofrecer.

Este libro es una colección de textos que escribí en el transcurso de muchos años de mi propio viaje, el cual emprendí siendo una joven que sufría importantes trastornos de salud mental y emocional, hasta que me convertí en la mujer que hoy está sentada en la costa de California, una fría tarde de verano —sana, establecida, conectada y floreciente—, escribiendo estas palabras para ti.

Si elegiste este libro, ya estás en ese mismo camino hacia la sanación y hacia el descubrimiento de tu verdadero propósito. Espero que mis palabras puedan ayudar a aliviar tu corazón por medio del viaje que tu valiente alma ha comenzado.

Nos vemos en el otro lado.

Brianna Wiest

Enero de 2022

ES TIEMPO DE SANAR

Reconoces esa sensación familiar y aburrida en tus entrañas, como si algo estuviera mal, aunque no puedas identificar con precisión de qué se trata. Empiezas a hacer un inventario de tu vida: haces un recuento de tu trabajo, de tu sueldo, de tus amigos, de lo que ahora pensaría de ti fulano de tal, de tu nueva y bonita foto de perfil en Facebook. Las piezas, cuando se juntan, forman una imagen que debería anular esa sensación.

Pero…

Vas por la vida reprimido por ese dolor. Se agudiza y se estrella. Te distraes con las noticias, con tu trabajo o con Twitter, o con algo que en ese momento te asusta un poco más.

Y así sucesivamente, hasta que un día te das cuenta de que un dolor que no puedes descifrar te acosa. Poco a poco, te desgasta. Cada vez es más difícil levantarse. Es más difícil salir. Es más fácil beber y luego beber un poco más. O tal vez comer, o ir de compras, o publicar fotos tuyas en Instagram. Cada uno tiene un vicio diferente.

Cuanto más te confundes con la pequeña y aterradora sensación que no puedes entender, peor es. Y cuanto más empeora, más te convences de que es una advertencia de lo que está por venir. Empiezas a asociar pensamientos a la sensación, historias de miedo.

Te das cuenta de que las historias son ilógicas. Estás exagerando. Te convences de que tu mundo se está acabando de forma inminente y que esas «corazonadas», en las que te han dicho implícitamente que confíes durante tanto tiempo, simplemente están advirtiéndote que te pongas a salvo.

De lo que no eres consciente en este momento es de que nada está realmente mal.

En realidad, las cosas están bien, y es por eso que al fin estás lo suficientemente seguro como para sentir lo que de verdad sientes. Deja de proyectar y de contar historias. Esos sentimientos aburridos e inquietantes no están en el futuro, sino en el pasado.

Los has cargado todo este tiempo.

Si no terminamos de procesar nuestras experiencias emocionales, se quedan con nosotros como la comida que no podemos metabolizar, o la ropa vieja que nunca llegamos a empaquetar y sacar. A veces contienen alimento, sabiduría y orientación. Otras veces son restos de un capítulo cerrado hace tiempo.

En cualquier caso, son señales de los espacios en los que aún no somos libres.

Cuando estés preparado para sanar, tendrás que recostarte en un espacio muy seguro y concentrarte en esos sentimientos tensos. Haz que te muestren sus orígenes. Empezarás a ver momentos que habías olvidado, sentimientos que habías olvidado que sentiste. El pasado se manifestará en imágenes fugaces y escenas difusas. Poco a poco, con el tiempo, descubrirás lo que realmente está mal, esa parte de ti que tuvo que romperse y amurallar tu corazón porque detrás había una herida que aún no sabías cómo curar.

Cuando estés preparado, te colocarás detrás de él.

Sabrás que la ira, la tristeza y la ansiedad son un velo, un detonante que intenta despertarte, no noquearte.

Tendrás que llorar. Necesitarás llorar por la chica de 13 años a la que le rompieron el corazón, por el chico de 16 años cuyos amigos fueron malos con él. Tendrás que llorar por lo que perdiste y cuando lo perdiste. Tendrás que retroceder en el tiempo e insertarte en esos recuerdos como adulto, y decirle a tu yo infantil que diga lo que realmente necesitaba decir en el momento en que necesitaba decirlo, aunque no podía encontrar las palabras o el valor para hacerlo. Tendrás que hacer esto una y otra vez hasta que poco a poco te des cuenta de que te estás aligerando, liberando. Aunque no puedas cambiar el tiempo, de alguna manera, estás cambiando tu historia.

Tendrás que sudar, tendrás que estirar y mover tu cuerpo, y prestar mucha atención a los puntos en los que estás tenso, a aquello que te es incómodo, y a los lugares en los que estás contenido y en los que almacenas todo ese dolor.

Tendrás que sacudirte, tendrás que tumbarte en el suelo y sacudir literalmente todo lo que llevas dentro. Tendrás que darte permiso de sentirte vulnerable y pequeño, que son, al fin y al cabo, las dos sensaciones de las que más nos protegemos.

Tendrás que rendirte. A través de las lágrimas, del sudor, de los temblores y de los cambios, dejarás de luchar por sostenerlo; entonces verás tu vida pasada por lo que fue, para poder ver tu vida presente por lo que es: llena de esperanza y potencial.

Al final, te levantarás y tu mundo empezará a cambiar.

Saldrás de relaciones y comenzarás otras; llamarás a alguien con quien no has hablado en mucho tiempo. De repente, te sentirás inspirado para asistir a una nueva clase, o te atreverás a redactar un correo electrónico de renuncia. Empezarás a escribir, a leer, a sentarte al aire libre y a beber agua, sintiéndote agradecido por estas cosas tan sencillas pero fortificantes. Acaso dormirás con mayor facilidad y, poco a poco, empezarás a volver a ti mismo. Entrarás en ese fuego emocional y quemarás todo lo que impide que tu núcleo esté realmente en el mundo.

Entonces sabrás que cuando pierdes a alguien, debes llorar.

Cuando te sientes frustrado, debes estarlo.

Cuando quieres decir algo, debes hablar.

En el proceso de sanación, no solo aprendes a volver atrás y arreglar lo que no terminaste: también aprendes a seguir adelante, a vivir más intensamente y en el presente, a procesar tus experiencias en tiempo real. Cuanto más hagas esto, más despertarás y empezarás a estar presente en la vida y, con ello, a hablar de nuevo, a sentir de nuevo, a *ser* de nuevo.

Cuando te sientes lo suficientemente fuerte como para mirar lo que está mal, empiezas a sacar a tu alma a la luz.

Siempre estuvo ahí. Solo que estaba enterrada bajo años y capas de identidades, estilos, creencias e ideas que se habían adherido a ti como un escudo.

Nunca estuviste perdido.

Solo estabas escondido.

Todo el tiempo que pasaste sintiéndote tan incómodo era solo tu yo más profundo tratando de hablarte, tratando de recordarte su presencia.

Era solo tu núcleo que decía: *«Sigue adelante. En la vida hay más que esto».*

CUANDO ESTÉS LISTO PARA CAMBIAR TU VIDA, LEE ESTO

¿Y si empiezas a darte cuenta de que también eres libre en los momentos en que más solo te sientes?

¿Y si pudieras ver que, precisamente en esos momentos a los que más temes, también estás completamente libre de las expectativas de los demás, también eres capaz de definirte y redefinirte, de explorar la vida en tus propios términos, de escuchar el sonido de tu propia voz? ¿Y si estar solo, no importa de qué forma, es un signo de autosuficiencia y valentía? ¿Y si ya conseguiste lo que querías? ¿Y si en lugar de creer que tu soledad es una señal de que fracasaste, te das cuenta de que es una prueba de que realizaste la más audaz de todas las tareas?

¿Qué pasaría si, en lugar de creer que tu trabajo no es suficiente —en cuanto a la remuneración, el estatus o lo que sea a lo que hayas atribuido tu inferioridad—, empezaras a darte cuenta de que ningún conjunto de tareas podría definir la totalidad de lo que eres? ¿Qué pasaría si comprendieras que un trabajo es un medio para alcanzar un fin, y el que hagas cualquier cosa para contribuir a tu bienestar y seguridad o a los de tu familia es importante y, sin embargo, solo es una faceta del éxito? ¿Y, si en lugar de creer que debes ser el mejor para ser lo suficientemente bueno, te dieras cuenta de que tener un lugar adonde ir y tener algo que hacer es un propósito y un regalo que nunca debes menospreciar?

¿Qué pasaría si, en lugar de creer que has fracasado, empezaras a reconocer que el fracaso es solo la forma que tiene la vida de llevarte en otra dirección? ¿Y si en lugar de contar todas las veces en que las cosas no funcionaron como imaginabas, consideraras que tal vez te están llevando a un lugar mejor? ¿Y si encontraras asombro y reverencia en el hecho de que hay una fuerza tan poderosa que te protege —quizás una que no puedes siquiera nombrar, ver o incluso creer— y que se niega a permitir que tengas incluso aquello que más pides porque hay algo más para lo que estás destinado?

¿Qué pasaría si en lugar de pensar que tu vida tendría que desarrollarse sin adversidades, te dieras cuenta de que el valor que se necesita para seguir abriendo puertas, aunque todas se cierren, forma parte del proceso?

¿Y si en lugar de perder la esperanza en el mundo y en la vida misma, permitieras que tus fracasos fortalecieran tu fe y te hicieran ver que hay un camino que recorrer, y un campo de fuerza que te sujeta a él, por mucho que intentes alejarte?

¿Qué pasaría si, en lugar de estar resentido con alguien porque no es exactamente la persona que imaginabas, te dieras cuenta de que el hecho de que alguien ofrezca su tiempo es el máximo sacrificio y el epítome del amor? ¿Y si te dieras cuenta de que no tiene obligación alguna de ser como tú crees que debiera ser, y que lo más amoroso que podrías hacer sería liberarlo de las expectativas que guardas en tu mente? ¿Y si te dieras cuenta de que esta persona no tiene que ser como tú te la imaginas para que puedas intercambiar el amor que ustedes están destinados a compartir? ¿Y si el regalo que recibes ahora mismo es la oportunidad de presenciar la crudeza del corazón de alguien, sus aristas e imperfecciones? ¿Y si en realidad el viaje te pide que ames a una persona con defectos, para que puedas amar los tuyos de la misma manera?

¿Y si la vida de tus sueños no es una en la que haces todo a la perfección para una audiencia que existe dentro de tu propia imaginación, sino aquella en la que tienes unas pocas cosas que te importan de manera profunda y apasionada y pasas tu vida atendiéndolas, y con ello liberas en la nada todas las otras preocupaciones que no hicieron más que frenar tu propio amor y tu vida?

¿Qué pasa si tu cuerpo se ve exactamente como debe ser, pero estás tan ocupado concentrándote en los defectos que nadie más nota, que pasas por alto la belleza que todos los demás ven? ¿Y si crees que hay algo malo en tu aspecto porque has pasado demasiado tiempo pensando en lo ligera y libre que sería la perfección? ¿Y si todo lo que necesitabas hacer fuera solo mirar a tu alrededor, a las personas que conoces, a las que no conoces, a las que coexisten en el mundo a tu lado? ¿Y si en verdad empezaras a darte cuenta de que casi nadie existe dentro de esa fantasía y, sin embargo, muchos son profunda y completamente amados, están vivos y felices a plenitud, caminan en su verdad y prosperan como todo aquello que debían ser?

No digo que no haya problemas reales en tu vida, solo que es muy difícil identificar esos problemas cuando estás tan ocupado tratando de corregir lo que no es un problema, tan preocupado por preguntas que no tienen respuesta. Podrías pasarte toda la vida preguntándote si eres valioso y suficiente y hermoso y exitoso y nunca llegarás a corroborarlo. Así que tienes opciones. Puedes elegir cómo construir tu propia percepción en torno a lo que existe.

¿Y si limpiar tu mente con pensamientos esperanzadores, alegres y positivos es el reequilibrio que te hacía falta desde hace tiempo, después de tantos años de existir únicamente dentro de las interpretaciones más negativas que se te han ocurrido?

¿Y si, después de toda una vida en la que te han vendido la idea de que el objetivo de tu vida es existir de la forma más perfecta posible, pudieras abrirte a la idea de que, más bien, estás aquí para disfrutar del trayecto?

ESTE AÑO DEJA IR A QUIEN NO ESTÉ LISTO PARA AMARTE

Es lo más difícil que tendrás que hacer, y también será lo más importante: deja de darle tu amor a quien no está preparado para amarte.

Deja de tener conversaciones difíciles con personas que no quieren cambiar, deja de estar presente para personas que son indiferentes a tu presencia. Deja de convertir en prioridad a las personas que te consideran una opción. Deja de amar a las personas que no están preparadas para amarte.

Yo sé que tu instinto es hacer lo que sea para ganarte la simpatía de todos los que puedas, pero ese es también el impulso que robará tu tiempo, tu energía y tu cordura.

Cuando empiezas a estar presente en tu vida con todo tu ser, completo, con alegría, interés y compromiso, no todos los demás van a estar dispuestos a hacer lo mismo que tú.

Esto no significa que tengas que cambiar; significa que tienes que dejar de amar a las personas que no están preparadas para amarte.

Si las personas con las que pasas más tiempo te dejan atrás, te insultan sutilmente, te olvidan sin esfuerzo o te ignoran con facilidad, te estás perjudicando al seguir ofreciéndoles tu energía y tu vida.

No eres para todo el mundo y no todo el mundo es para ti. Por eso es tan especial cuando encuentras a las pocas personas con las que tienes una amistad, un amor o una relación genuina: sabrás lo valiosas que son porque ya has experimentado lo que no es especial.

Pero cuanto más tiempo intentes forzar a alguien a que te ame cuando no es capaz de hacerlo, más tiempo estarás robándote esa misma conexión: te está esperando. Hay miles de millones de personas en este planeta, y son muchas las que te entendrán a tu nivel, captarán en qué estás, concordarán con tu destino.

Pero cuanto más tiempo permanezcas pequeño, arropado por la familiaridad de la gente que te utiliza como almohada, segunda opción, terapeuta y estratagema para su trabajo emocional, más tiempo te mantendrás fuera de la comunidad que anhelas.

Tal vez si dejas de estar presente, serás menos apreciado.

Tal vez te olviden por completo.

Tal vez si dejas de intentarlo, la relación se apagará.

Tal vez si dejas de enviar mensajes de texto, tu teléfono no muestre notificaciones durante días y semanas.

Tal vez si dejas de amar a alguien, el amor entre ustedes se disuelva.

Eso no significa que hayas arruinado una relación. Significa que lo único que sostenía una relación era la energía que tú y solo tú invertías en ella.

Eso no es amor. Eso es apego.

Lo más precioso e importante que tienes en tu vida es tu energía. No es tu tiempo el que está limitado: es tu energía. Aquello a lo que le brindas tu energía cada día es lo que crearás más y más en tu vida. A lo que le das tu tiempo es lo que definirá tu existencia.

Cuando te des cuenta de esto, empezarás a entender por qué estás tan ansioso cuando pasas tu tiempo con personas que no son adecuadas para ti, así como en trabajos, lugares o ciudades que tampoco son adecuados.

Empezarás a darte cuenta de que lo más importante que puedes hacer por tu vida y por ti mismo, al igual que por todos los que conoces es proteger tu energía más ferozmente que cualquier otra cosa.

Haz de tu vida un refugio seguro al que el acceso solo esté permitido a personas con la capacidad de cuidar, escuchar y conectar.

No eres responsable de salvar a la gente.

No eres responsable de convencerlos de que quieren ser salvados.

No es tu trabajo estar presente para los demás y regalarles tu vida, poco a poco, momento a momento, porque sientes lástima, porque te sientes mal, porque «debes», porque estás obligado, porque —en el fondo— tienes miedo de no ser correspondido.

Es tu trabajo darte cuenta de que eres el dueño de tu destino y de que estás aceptando el amor que crees que mereces.

Convéncete de que mereces una amistad real, un compromiso verdadero y un amor completo con personas sanas y prósperas.

Entonces espera en la oscuridad, solo un poco... y observa lo rápido que todo empieza a cambiar.

47 FORMAS DE PRACTICAR LA MICROSANACIÓN EN TU VIDA COTIDIANA

01 | Haz algo que tu yo del futuro te agradezca, aunque sea pequeño.

02 | Aprecia algo que tienes hoy y que a tu yo del pasado le impresionaría, aunque ahora te parezca normal.

03 | Empieza a decir «gracias» por lo que quieres como si ya hubiera ocurrido. Escríbelo, dilo en voz alta. Incluso una vez es suficiente.

04 | Aprende el poder del impulso. Empieza con pequeñas tareas en el día y deja que crezca.

05 | Haz un pequeño cambio en la dirección correcta. Bebe medio vaso de agua. Da una vuelta a la manzana. Respira profundamente una vez.

06 | Solo por hoy, permítete sentir lo que sientes.

07 | Encuentra una distracción sana y productiva para cuando tu mente necesite volver a encauzarse.

08 | Deja de seguir en redes sociales a todas las personas que te hacen sentir mal sobre ti mismo.

09 | Ve tu incomodidad como tu forma subconsciente de decirte a ti mismo que eres capaz de más, y de algo mejor, de lo que tienes en este momento.

10 | Diario de tu basura. Abre un cuaderno y garabatea exactamente cómo te sientes. Deja de intentar invalidarlos con positividad. Esta surgirá por sí sola una vez que tu subconsciente esté más despejado.

11 | Permítete soñar. Imagina lo que quieres construir y crear a continuación en tu vida.

12 | Regálate algo que te haga ilusión. Planea un viaje, haz una cita o sal a algún sitio.

13 | Si hay algo que necesitas cambiar en tu vida, empieza hoy. Busca nuevos trabajos. Escribe una carta a alguien con quien tengas que disculparte. Si el tiempo no ha resuelto el asunto, es posible que el tiempo esté esperándote.

14 | No creas todo lo que piensas.

15 | No confíes en todo lo que sientes.

16 | Piensa en todo lo que te preocupó y que resultó no ser nada, y cómo a veces nuestros miedos nos llevan a creer que nuestros peores pensamientos son los más reales.

17 | Piensa en todas esas veces que has tenido sentimientos fuertes y abrumadores que no entendías realmente, y date cuenta de que, a veces, solo debías aprender a dejarlos pasar.

18 | Haz algo cada día que te ayude a conocerte mejor. Escribe lo que te gusta y lo que no. Identifica tus valores, tus creencias, tus esperanzas, tus miedos.

19 | Pasa tiempo con personas que te entiendan.

20 | Haz algo por alguien sin pedir nada a cambio.

21 | No tengas miedo de desconectarte. Dedica menos tiempo a tu teléfono, rechaza los eventos que te hagan sentir agotado al final. Recuerda que tu energía y tu atención son sagradas.

22 | Lee algo que te haga pensar en el mundo de diferente forma.

23 | Reconoce lo que se te da sin esfuerzo; ahí está la clave de tu futuro.

24 | Reconoce lo que te interesa; ahí está la clave de tu propósito.

25 | Reconoce lo que más te cuesta; ahí está la clave de aquello que necesitas sanar.

26 | Practica cómo defenderte de forma saludable. Mírate en el espejo y practica cómo establecer límites. Aprende a decir tu verdad con dignidad y gracia.

27 | Reconoce que lo que más te molesta de los demás puede revelar la verdad inconsciente de ti mismo: utiliza estas molestias como oportunidades para sanar tus propias heridas invisibles.

28 | Apóyate profundamente en lo que te da alegría.

29 | Haz algo especial para las personas que realmente te importan, aunque solo sea un texto recordatorio de lo mucho que se les quiere.

30 | Crea un *vision board*.

31 | Estudia los hábitos diarios de las personas a quienes admiras.

32 | Estudia los hábitos diarios de las personas a las que no admiras.

33 | Cuando sientas el impulso de juzgar a otra persona, recuérdate amablemente que cada vez que lo haces, solo sigues estrechando tu aprobación de ti mismo.

34 | Expresa lo que sientes, en términos claros y honestos. Esto te ayudará a procesarlo y aceptarlo, aunque no tenga todo el sentido para ti en este momento.

35 | Interroga a un pensamiento negativo. En lugar de funcionar con el piloto automático, detente y pregúntate: *«¿Es esto cierto? ¿Sé que es cierto? ¿Quién me ha dicho que es verdad?»*.

36 | Luego pregúntate: *«¿Me ayuda este pensamiento a mover mi vida en la dirección que quiero?»*.

37 | Date permiso para descansar. Si lo único que has podido hacer hoy ha sido levantarte y seguir respirando, no pasa nada.

38 | Haz una lista de tareas, luego córtala por la mitad. A continuación, vuelve a cortarla por la mitad. Deberían

quedarte una o dos tareas que son las más imperativas. Enfócate en ellas y solo en ellas. Empieza por eso.

39 | Medita sobre lo lejos que has llegado. Haz una lista de todo lo que tienes, haces y sientes que nunca imaginaste que sería posible.

40 | Medita sobre lo mucho que has superado. Piensa en todo lo que te ocurrió en el pasado y que juraste que nunca superarías, y date cuenta de que siempre lo hiciste.

41 | Expresa una gratitud genuina. Encuentra algo que te haga feliz tener.

42 | Si sentirte bien está demasiado lejos de donde te encuentras, intenta sentirte neutral.

43 | Duerme cuando estés cansado.

44 | Come cuando tengas hambre.

45 | Pausa antes de reaccionar. Puedes estar enfadado, pero deberás ser consciente de no permitir que ese sentimiento te haga tomar medidas que podrían afectar tu seguridad o calidad de vida en los próximos años.

46 | Escríbete una nota en la que describas exactamente lo que debes hacer cuando tengas una sensación de pánico. Cuando piensas con claridad, eres capaz de decirte a ti mismo qué hacer cuando no lo estés.

47 | Recuerda que eres mortal. Todo esto pasará. No hay tiempo garantizado. No estás atorado para siempre. La vida se mueve rápidamente y no se detiene. Solo estás aquí por un tiempo, intenta saborearlo todo lo que puedas.

LA VERDAD DE QUIÉN ERES ES MÁS DE LO QUE TE PERMITES CREER

Existen infinitas versiones de ti.

Está la persona que eras ayer y la que eres hoy, la persona que eras hace cinco años y la que serás dentro de otros diez, la persona que eras esta mañana y la que serás esta noche.

Está la persona que existe dentro de la mente de cada individuo que conoces, encuentras, con quien te cruzas y a quien amas. Cada uno de ellos tiene una imagen única de ti en su mente, formada por sus propias experiencias, preferencias, creencias y sentimientos sobre su propio ser.

Cuando nos sentimos más estancados, a menudo es porque estamos intentando descifrar quiénes somos realmente, y lo hacemos uniendo las imágenes que suponemos que los demás tienen de nosotros. De lo que no nos damos cuenta es que no existe una sola y singular versión de nosotros. Está nuestra experiencia de nosotros mismos y luego el caleidoscopio de formas en que nos perciben los demás. Cuando nos pasamos la vida intentando gestionar esas percepciones, nos perdemos completamente dentro de ellas.

¿Y si hay una verdad mayor aquí, una que está pidiendo ser vista?

Probablemente has tenido más experiencias de las que puedes contar, y han sido mejores de lo que puedes recordar, has visto más mundo del que crees, has sentido más felicidad de la que generalmente eres consciente, has conocido más alegrías, has sentido más inspiración y has triunfado más veces de las que eres consciente cuando estás en tus momentos de mayor duda.

Has sido más aceptado de lo que recuerdas, más apreciado y validado de lo que crees. Más personas de las que te das cuenta vieron tu potencial y les gustaste más de lo que crees. Has sido más deseado de lo que piensas: por amigos, por la familia, por potenciales amantes que te anhelaban de un modo que probablemente nunca habrías imaginado.

Cuando las personas más cercanas a ti te miran, ven mucho más de tu grandeza de lo que tú mismo verías al observarte.

Has tenido un impacto mayor en el mundo de lo que crees. Hay más corazones que has calmado en momentos de dolor, más mentes que has inspirado para ver la esperanza donde antes había derrota. Ha habido más casos en los que un acto bondadoso y desinteresado provocó un efecto dominó en todo el mundo. Tu amor ha tocado a gente del otro lado del planeta, solo que ahora no lo sabes.

Tienes más a tu favor de lo que entiendes ahora mismo.

Es fácil definirnos por los espacios vacíos, por las carencias que tenemos y, sin embargo, no siempre se trata de vacíos dentro de nosotros que esperan ser llenados, sino del simple contraste entre todo lo que somos y todo lo que no debíamos ser. Cuando aprendemos a dar cabida a todas las verdades que coexisten en nuestra vida, podemos empezar a comprender que la experiencia misma es a la vez contracción y expansión.

Lo alto y lo bajo, lo bello y lo desgarrador en conjunto.

No nos resume ni nos define solo una instancia o experiencia: la imagen estática y singular que creemos que los demás tienen de nosotros en su mente suele ser una proyección de nuestras mayores esperanzas y nuestros más profundos temores. En realidad, somos seres fluidos y en evolución, es decir, somos diferentes de un momento a otro. Pasamos mucho tiempo haciendo suposiciones sobre cómo somos en el mundo en lugar de sentir realmente nuestra experiencia vivida. Permitimos que se nos etiquete y defina por lo que creemos que hemos hecho y por cómo han respondido los demás a ello, en lugar de por quién nos vamos a convertir y de si podemos estar en paz con ello.

Cuando nos presentemos cada día como una persona diferente, el mundo empezará a cambiar para percibirnos de esa manera: no estamos limitados para siempre, ni definidos permanentemente por lo que fuimos en el pasado.

Pero tú, más que nadie, estás más inclinado a verte así. Tú, más que nadie, estás más inclinado a creer que las peores cosas sobre ti son las más verdaderas acerca de ti.

Nadie —ni una sola persona viva— piensa en ti más que tú mismo.

Los demás están demasiado ocupados pensando en su propia vida, en cómo son percibidos, y si son o no suficientes, y así sucesivamente.

Cuando empezamos a sanar, comenzamos a reconocer que nuestra vida no necesita estar definida por cómo creemos que nos ven.

La verdad es que para algunas personas eres el estándar de belleza, cuando otras simplemente te pasan por alto. Para algunos eres un genio en lo que haces y, para otros, irrelevante. Para algunos eres un amigo increíble; para otros, un completo desconocido. Para algunos eres un compañero de vida; para otros, alguien con quien ni siquiera saldrían. Para unos eres un maestro; para otros, un estudiante. Para unos, eres un guía: para otros, un principiante. Para unos, eres una luz brillante, pero a otros les revelas su oscuridad.

La realidad es que existes en muchas formas, imágenes, creencias e historias diferentes y, sin embargo, la única que en realidad siempre importará es la que te cuentas a ti mismo.

Permite que este conocimiento te libere.

Permite que te ayude a ver una mayor dimensión, mayor contraste, más matices y más bondad dentro de ti de lo que te has permitido creer.

Has hecho más, has visto más y has significado más para los demás de lo que jamás podrías saber.

Cierra este libro por un momento.

Tómate un segundo para respirar y mirar a tu alrededor.

Hay más cosas aquí de las que imaginas.

Hay mucho más en espera de lo que podrías suponer.

CÓMO VOLVER A EMPEZAR,
INCLUSO SI TE QUEDAS DONDE ESTÁS

Cuando llegue el momento de volver a empezar, no sabrás que estás en el inicio de un nuevo comienzo, porque lo único que sentirás es un final abrumador.

De repente, y tal vez de la nada, algo que conocías se detuvo. Es probable que fuera algo a lo que estabas profundamente apegado, en lo que tenías una profunda esperanza o compromiso, porque nuestra vida cambia y se adapta todo el tiempo y los únicos casos en los que no nos movemos con ella son cuando estamos demasiado estancados para ver otra forma de avanzar.

Por un momento, sentirás como si el mundo se te cayera encima.

La sensación que experimentarás es de derrota total. Te preguntarás qué sigue, y cómo es posible que sigas adelante. En este momento, eres capaz de medir lo que vas a perder, pero no lo que vas a ganar.

Y eso, si tienes suerte.

La mayoría de las personas no nos damos cuenta siquiera de que tenemos que soltar, solo notamos que lo que estamos haciendo ahora no funciona.

Aunque parezca que «perdiste el piso», no es así. Lo más probable es que durante mucho tiempo esto no estuviera funcionado, y que tú estuvieras en negación. Tus ilusiones y sueños sobre cómo se transformaría en lo que quieres que sea son solo eso: algo irreal. Es hora de salir de ahí y entrar en la realidad, en el ahora, en tu vida real.

Eso es lo que significa empezar de nuevo.

Significa que ha llegado el momento de reconciliarnos con lo que sabíamos que no funcionaba desde el principio, aquello que estaba actuando como una venda para tapar algo más. Cuando estamos demasiado apegados al resultado de un proceso y tenemos poca tolerancia a que su presencia cambie en absoluto, suele ser porque lo estamos utilizando para ocultarnos algo a nosotros mismos, y ese algo es nuestra insatisfacción.

Tal vez una relación terminó y no puedes imaginar cómo saldrás de nuevo con otra persona.

Quizá te diste cuenta de que una carrera profesional no es viable y no puedes imaginar cómo vas a ganar dinero en el futuro.

Tal vez finalmente aceptes que sabes que necesitas mudarte, pero la idea de establecerte en un nuevo lugar con gente nueva te parece demasiado intimidante como para intentarlo siquiera.

En el fondo, la relación que terminó era una distracción de la relación que no tienes contigo mismo. La carrera profesional que no funcionó nunca fue viable: simplemente no estabas dispuesto a probar algo que estuviera fuera de tu zona de confort, y no hay nada nuevo en ella. El lugar que necesitas dejar puede haber sido el adecuado durante un tiempo, pero ya no perteneces ahí, y tu vida ya no apoya a la persona que quieres ser o al lugar al que quieres ir.

Tendrás que pasar muchas noches solo, a la luz de las velas, preparándote la cena, aprendiendo a quererte, a estar a solas contigo mismo y a disfrutar de ese tiempo. Tendrás que quedarte precisamente donde estás y aprender a curar la herida de tu falta de valía antes de poder ser amado.

Tendrás que volver al punto de partida de tu empleo, y trabajar con lo que tienes y lo que has hecho. Recuerda en qué eres bueno, en qué tienes experiencia, qué te atrae o te llama la atención. La intersección de esas cosas es tu camino, y tu camino está justo adelante de ti, aunque otra opción sea más atractiva.

Tendrás que construir un hogar sin importar dónde estés. Tendrás que decorar, asentarte y comunicarte. Tendrás que encontrar ritmos y rutinas. Tendrás que ser vulnerable, y tendrás que ser visto.

No hay ningún lugar al que podamos recurrir para escapar de nosotros mismos.

Es hora de empezar de nuevo y es hora de empezar aquí mismo.

Elimina lo que está muerto en tu vida.

Nutre el jardín que rodea tu alma.

Empieza donde estás y con lo que tienes.

Ponte de pie sobre lo que has construido.

Rellena los huecos de tus propios cimientos.

Fortalece lo que ya existe.

Profundiza en tus raíces y extiende tus ramas todo lo que puedas.

Entonces observa cómo te sientes.

No podemos seguir corriendo en círculos y esperar a que nuestra vida florezca: debemos quedarnos donde estamos y tener la valentía de sanar lo que está roto dentro de nosotros antes de recurrir a otra fuente externa para reparar el daño.

Cuando vivimos así, existimos en un estado constante de huida de nosotros mismos.

Podemos volver a empezar justo donde estamos porque en cualquier momento podemos cambiar la forma en que nos vemos a nosotros mismos y a nuestra vida. A final de cuentas, eso es exactamente la sanación.

Es darse cuenta de que tu amor interior es inherente a ti y siempre lo ha sido, solo que ha estado enterrado bajo la duda.

Es percatarse de que tu camino hacia adelante es innato y siempre lo ha sido, solo que ha estado escondido tras la negación.

Es notar que el lugar donde se supone que debes estar es justo donde estás ahora, aunque no sea donde estarás para siempre.

Sanamos cuando aprendemos a ajustar la manera en que nos presentamos, y no a cambiar aquello ante lo que nos presentamos.

Nuestra vida es muy a menudo un reflejo y una extensión de nosotros mismos. Podemos correr hasta el fin del mundo y aun así no sentirnos completos porque lo que buscamos es reinventar nuestra forma de ver, lo que percibimos y lo que sentimos.

Es un trabajo que empieza aquí y ahora.

No importa a dónde te lleve la vida, siempre estás contigo, hasta el final.

Nadie más puede salvarte de ti mismo.

El asunto nunca fue que ajustaras todo lo que te rodea hasta hacerlo perfecto, sino que ajustaras tu forma de ver todo hasta darte cuenta de que es suficiente, y de que así ha sido siempre.

LA MAYOR SANACIÓN A MENUDO OCURRE EN LAS FORMAS MÁS ORDINARIAS

Cuando comiences tu viaje de sanación, estarás buscando epifanías, es decir, verdades que cambian la vida, que abren el alma, que hacen volar la mente. Cambios drásticos, el corte de raíces con prontitud, la liberación feroz de lo que ya no puedes soportar y la necesidad obsesiva de encontrar algo que te haga sentir un poco mejor, aunque sea por un momento.

Uno de los desafíos más sutiles es que lo más importante suele ocurrir de las formas más ordinarias.

Se trata de establecer una intención de sanar, escribirla en un papel en algún lugar que veas a menudo. Darse cuenta de que nadie sabe lo que tiene que hacer al principio, por lo que a veces la forma más poderosa de empezar es haciendo una declaración al universo sobre lo que vamos a hacer.

Se trata de dejar un espacio para el descanso profundo, el descanso más profundo que te hayas dado nunca. Se trata de darte cuenta de que tu cuerpo sabe lo que tiene que hacer y tu trabajo es apoyarlo, no estorbarle.

Se trata de cambiar tu entorno, tanto en lo grande como en lo pequeño: esto puede significar mudarte o limpiar tu espacio de reliquias, para que ya no vivas en un museo del pasado. Se trata de darse cuenta de que te adaptarás a lo que te rodea, por lo que debes elegir sabiamente. Debes crear, aunque sea, un solo rincón de paz dentro de tu pequeño mundo, y reconocer finalmente que «hogar» nunca fue un lugar que existiera fuera de tu propio corazón.

Se trata de hacer las cosas prácticas: el presupuesto y los análisis de sangre, las citas con el médico y la elaboración de planes. Los calendarios y los correos electrónicos, los suplementos y las rutinas de ejercicio, por muy simples que sean al principio. Estas cosas son a menudo las primeras que se dejan de lado cuando estamos sufriendo y, sin embargo, son también las más vitales.

Se trata de encontrar el tipo de apoyo adecuado para ti —el entrenador, el terapeuta, el *coach* de vida—, lo que sea necesario para tu propio y único viaje.

Se trata de redescubrir las pequeñas alegrías de la vida —los largos baños, las novelas que no puedes soltar, las mañanas tranquilas de los sábados, las sábanas limpias, las estrellas, las luces de la ciudad, el océano— y descubrir que estas fueron siempre las grandes cosas.

Se trata de afirmar lo que quieres que sea verdad y saber, muy en el fondo, que ya lo es. Se trata de visualizar a tu futuro yo y estar dispuesto a creer que tal vez, solo tal vez, esa persona podría ser real. Se trata de defenderte cuando es necesario y de reconocer todas las veces que malinterpretas un comentario sin sentido como desprecio. Todo esto requiere niveles más profundos de autoconocimiento, evaluación y conciencia.

Se trata de reconocer que tu trauma intenta impedirte vivir tu vida. Porque, en algún lugar en el fondo, sabes que cuando sales y tratas de abrirte camino en el mundo, todo sale mal. Así que tu miedo está tratando de encerrarte y mantenerte a salvo.

Lo que no sabe es que no hay mayor fracaso que una vida no vivida.

No hay mayor dolor que el que tu corazón no sea amado, que tu alma no sea vista.

Se trata de elegir no darle tu atención mental y tu energía emocional a cosas que no se convertirán en experiencias que quieres tener. Se trata de percatarse de que puedes construir un nuevo sueño. Se trata de liberar lo que eres, en los aspectos más pequeños, y de darte cuenta de que, a veces, las cosas más ordinarias son las más definitorias, las más salvadoras, las más tranquilizadoras, las más importantes, las más subestimadas y las más reales.

LAS 8 FASES DE UNA TRANSFORMACIÓN PERSONAL PROFUNDA

El cambio positivo muchas veces se siembra con semillas que a veces pueden hacernos sentir más inseguros, temerosos y ansiosos que cualquier otra cosa.

Esto se debe a que a menudo no pensamos en cambiar nuestra vida sino hasta que el cambio es la única opción que tenemos.

Estamos programados para la homeostasis.

Estamos diseñados para permanecer en la comodidad, que es solo la familiaridad.

Pero esto no siempre es lo mejor para nosotros, y en el fondo lo sabemos en algún nivel. A menudo descubrimos que cuando no hacemos caso a nuestros propios impulsos intuitivos, la vida tiende a presentarnos circunstancias que nos hacen avanzar a pesar de todo.

En lugar de temer este proceso, deberíamos aprender a honrarlo, porque significa que a menudo nos espera algo más grande al otro lado.

Estas son las ocho cosas que suceden justo antes de que tu vida cambie para mejor.

01 | Se produce un evento catalizador

A veces es enorme; a veces, sutil.

Para muchas personas, el catalizador que los impulsa a iniciar un proceso de desintegración positiva suele ser la pérdida de una relación importante, de un trabajo o un miembro de la familia. De uno u otro modo, algo que esperabas que estuviera presente en el futuro previsible te fue arrebatado y, con ello, también tu sensación de seguridad.

Otras veces, este evento puede ser mucho más difícil de detectar. De hecho, es posible que no te des cuenta de que algo ha ocurrido.

En cambio, lo que se plantó es una semilla de duda. Tal vez hayas visto a un viejo amigo y eso te haya llevado a evaluar tu progreso en la vida. Tal vez alguien cercano a ti está avanzando en su vida de manera importante y eso te provocó replantearte lo que tú quieres. Tal vez el estrés y la insatisfacción acaban de empezar a acumularse y te preguntas cuánto tiempo más podrás mantener tu rutina actual.

En cualquier caso, la vida casi nunca cambia para mejor a menos que haya un disruptor, algo que nos haga cuestionar, y atrevernos a cambiar nuestro propio *statu quo*.

02 | Eres obligado a salir de la negación

Lo que pasa con aquello que perdemos es que no funcionaba desde hace mucho tiempo, solo que no nos dábamos cuenta.

Con la excepción de una pérdida abrupta y repentina de un ser querido o el cierre de una empresa que suponías que iba a existir para siempre, por ejemplo, casi todo lo que perdemos en la vida suele estar prefigurado desde hace mucho tiempo.

¿Esa relación que terminó? Hace tiempo que no funcionaba, por eso se acabó. ¿Ese trabajo que dejaste abruptamente? Durante mucho tiempo no funcionaba, por eso lo dejaste. ¿Ese estilo de vida que estabas desesperado por mantener? No eras tú, por eso no pudiste mantenerlo.

Es realmente difícil aceptar esto, pero es tan importante reconocerlo: casi nada en la vida nos deja sin propósito.

Solo es cuestión de cuándo aceptamos esta verdad.

03 | Sientes oleadas de ira y miedo

Después de la pérdida, a menudo te encuentras atravesando el proceso de duelo, aunque no hayas perdido realmente a un ser querido.

Todas estas emociones son muy válidas.

Es sano y normal sentir rabia cuando se traspasa un límite o te enfrentas a algún tipo de injusticia. Es sano y normal sentirse triste y asustado cuando la vida cambia bruscamente y no estás seguro de lo que sigue.

Cuanto más te resistas a estas emociones, más tiempo permanecerán.

Forman parte del proceso de grandes cambios y ofrecen en su interior las semillas de una sabiduría más profunda por venir.

04 | Comienzas a procesar viejas emociones y recuerdos

Antes de que te des cuenta, esta semilla brotó en otras mil espirales, las cuales te dejaron cuestionando todo lo que eres y todo lo que alguna vez esperaste ser.

Pero esto no creó estos miedos y sentimientos, los reveló.

Lo mucho que te aferrabas con tanta fuerza a todo aquello era una forma de protegerte de esas emociones, muchas de las cuales habías enterrado tan profundamente, que suponías que habían desaparecido para siempre.

Las emociones suelen permanecer en nuestro interior hasta que nos dicen qué es lo que necesitamos saber.

Ese mensaje no es el de que no valgamos nada ni que no seamos dignos de ser amados, como a menudo pueden hacernos sentir. Más bien, el mensaje suele ser que no nos mantenemos dentro de las circunstancias de la vida que honran plenamente nuestro valor, y que no reconocemos lo amados que realmente somos y, por lo tanto, no buscamos relaciones en las que sintamos y veamos esa verdad reflejada en nosotros.

En este proceso de simplemente recordar lo que te había hecho daño en el pasado y cómo te sentías al respecto, probablemente te darás cuenta de que gran parte de tu autoestima fue creada por experiencias que se acumularon una sobre la otra, y ahora te estás dando la oportunidad de desempacar.

Al otro lado tendrás una carga más ligera que soportar.

05 | Se vislumbra un camino mejor

Por lo general, hacia el final del proceso de desmoronamiento, justo cuando tienes ganas de rendirte definitivamente, es probable que veas la luz al final del túnel.

Tal vez un día, de la nada, se te ocurra una idea novedosa, acaso hagas contacto con alguien que tiene una oferta de trabajo que sería perfecta para ti, tal vez te sientas impulsado a iniciar el negocio sobre el que habías estado pensando, posiblemente conozcas a alguien, tal vez te mudes, o quizá tengas la sensación de que cualquiera de esas situaciones está en tu futuro inmediato.

De uno u otro modo, empiezas a sospechar que puede haber algo realmente bueno a la vuelta de la esquina, pero a estas alturas, es probable que no te lo creas del todo. No pasa nada, no tienes por qué hacerlo.

Todo lo que tienes que hacer es seguir avanzando.

06 | Empiezas a hacer pequeños ajustes

Con esas nuevas visiones en mente, empiezas a hacer pequeños cambios.

Puede ser que todo el proceso y la incomodidad te hayan llevado a cambiar tu forma de peinarte o de enfocar tu trabajo, o lo que haces con tu tiempo libre. Poco a poco empiezas a adaptarte a tu nuevo yo: encuentras nuevas verdades, nuevos hábitos y nuevas rutinas que concuerdan con la persona en la que te estás convirtiendo, no con la que has sido.

07 | Das un gran salto

Finalmente, esos ajustes empiezan a sumarse para dar forma a algo y sabes que es el momento de dar un salto adelante.

Esto puede ser empezar el nuevo trabajo o dejar el anterior, mudarte o cambiar algo más de tu vida que antes parecía completamente inamovible.

Esta parte del proceso es vital porque es la que más miedo da, y también es la más importante.

Para introducir realmente cosas nuevas y positivas en tu vida, con frecuencia tienes que procurarlas. Esto significa que tienes que salir de tu zona de confort, pensar y actuar como nunca lo has hecho, y creer en ti mismo y en tu visión más de lo que alguna vez creíste en algo.

Este es el salto para el que te estabas preparando al principio del proceso.

Este era el sueño que se escondía en lo más profundo de tu ser, el que te empujaba a soltar lo que tenías antes, a abordar los sentimientos que bloqueaban tu visión y tu flujo, y el que finalmente está listo para hacerse realidad.

Esto ha existido dentro de ti desde siempre.

Te ha estado esperando todo este tiempo.

Solo tienes que encontrar el valor para elegirlo y, a veces, eso significa no darte otra opción.

08 | Ves el propósito en el dolor

Finalmente, superaste la ruptura y entraste en tu nueva vida.

Si eres uno de los más afortunados, has llegado lo suficientemente lejos como para entender que todo, en especial los momentos incómodos, tenía un propósito.

Si eres lo suficientemente consciente, puedes darte cuenta de que, si no te hubieras sentido tan incómodo en un principio, podrías haber pasado el resto de tu vida con sueños no realizados, reteniendo tu propio avance motivado por pequeños e irracionales miedos, y viviendo a medias la vida a la que estabas destinado, todo porque no tenías el valor de cambiar.

A veces, cuando no damos un paso sin esfuerzo hacia lo que debemos hacer, creamos circunstancias para nosotros mismos que hacen imposible hacer nada más que avanzar.

No se puede negar el destino.

Tal vez, en esto, puedas encontrar algo de paz.

Tal vez descubras que no necesitas temer a tus emociones, porque la tormenta a menudo despeja el cielo y riega las semillas de la vida que habías estado pidiendo, soñando y planeando vivir en realidad todo el tiempo.

Solo necesitabas un empujón.

7 PREJUICIOS PSICOLÓGICOS QUE PROVOCAN QUE TE RESISTAS A TU PROPIO CRECIMIENTO

El crecimiento es difícil.

A veces es francamente aterrador.

Requiere que nos miremos honestamente a nosotros mismos, que abandonemos lo que hemos conocido y que nos suspendamos en la incertidumbre sin saber cuándo encontraremos el siguiente paso.

Lo que esto significa es que seguiremos siendo lo que siempre hemos sido a menos que elijamos conscientemente convertirnos en alguien diferente. Por supuesto, todo el mundo evoluciona y se adapta con el tiempo, pero si no lo haces de forma intencionada, acabarás siendo el producto de lo que te rodea, en lugar de ser una auténtica expresión de *quien* realmente eres.

El crecimiento es una tarea obligatoria.

La única cuestión es *cuándo* lo hacemos y cuánto tardamos en darnos cuenta de que a menudo tenemos que desafiar algunos de nuestros instintos para crear una realidad mejor para nosotros.

He aquí algunos de esos miedos inconscientes que nos impiden convertirnos en todo lo que podemos ser, y cómo podrían afectarte específicamente.

01 | Ya te sientes cómodo estando incómodo

De la misma manera en que un postre exquisitamente dulce puede abrumar las papilas gustativas y resultar poco apetecible, rechazamos los momentos de gran intensidad emocional cuando no estamos acostumbrados a ellos.

Gay Hendricks, autor de *Tu gran salto*, llama a esto llegar a tu «límite superior».

Su teoría es que las personas tienen, por predisposición, una tolerancia a la felicidad y, cuando nuestras emociones superan ese límite, nos saboteamos inconscientemente para volver a un punto de referencia más cómodo.

Cualquier cambio, por muy positivo que sea, será incómodo hasta que sea también familiar.

Siempre que quieras hacer un cambio positivo importante en tu vida, debes acompañarlo de un cambio de mentalidad. Si no crees que mereces sentirte bien, limitarás tu capacidad de tener experiencias de situaciones buenas. Si no estás acostumbrado a que la vida sea fácil, la complicarás para volver a anclarte en lo que conoces.

Superar esto no es cuestión de abrumar tu sistema con positividad.

En realidad, se trata de un proceso de enraizamiento, de expresar gratitud y de cambiar tu sistema de creencias para que refleje la idea de que tienes permiso de sentirte bien, de que tienes permiso de crear bondad en tu vida y de que te mereces las cosas bellas que están floreciendo; no necesitas seguir arrancándolas de raíz.

02 | Todavía no conoces todas tus opciones

La mente humana no puede predecir con exactitud lo que aún no conoce.

Cuando imaginas un resultado potencial para tu vida, lo que realmente estás imaginando es una solución a una experiencia pasada, un sentimiento que has tenido antes y que te gustaría mantener. Lo que no puedes tener en cuenta es aquello que no se te ocurriría pedir, porque no sabes que lo quieres.

El verdadero crecimiento requiere una auténtica exploración, un periodo de prueba y error. Requiere que primero admitas que tal vez no sepas lo que quieres.

Esta incertidumbre es una experiencia desconcertante, por lo que la mayoría de la gente la evita por completo. Adormece su miedo a lo desconocido con actividades que consumen la mente, sin darse cuenta de que, si no se permite aceptar lo desconocido, las respuestas seguirán siempre al margen. En lugar de intentar construir una experiencia de felicidad, podemos encontrarla en el momento si orientamos nuestra mentalidad a apreciar lo que ya tenemos, en vez de planificar cómo adquirir lo que no tenemos.

De este modo, nos acercamos a lo que realmente nos hace sentir mejor, no a lo que parece mejor o a lo que «debería» ser correcto mirándolo desde afuera.

03 | Crees que los resultados potenciales negativos son más probables que los positivos

Cuando imaginas todos los posibles resultados de tu vida, las opciones negativas probablemente parecen más reales que las positivas. Esto se debe al sesgo de negatividad, que consiste en inclinarnos a creer que las cosas malas son más reales que las buenas porque nos dan más miedo.

Como uno aparece como una amenaza y el otro no, nuestra atención gravita naturalmente hacia aquello a lo que creemos que debemos estar atentos. Sin embargo, esto tiene el efecto contrario a la autodefensa. Cuando creemos demasiado en nuestros sesgos de negatividad, acabamos resistiéndonos al cambio, corriendo menos riesgos y, en general, ajustándonos a una visión menos optimista de la vida.

El sesgo de negatividad nos limita, no porque no seamos capaces de ser realistas, sino porque no entendemos que los resultados positivos son a menudo *más probables* que los peores escenarios, pero resulta que no son tan emocionalmente desencadenantes.

04 | Te mantienes fiel a aquello en lo que has invertido mucho tiempo, aunque no sea lo que realmente te conviene a largo plazo

Lo más probable es que te quedes con aquello en lo que más has invertido, aunque no sea viable a largo plazo y aunque se presente una oportunidad mejor.

Esto se debe a la falacia del costo hundido.

Lo que este prejuicio nos impide ver es que *el barco se está hundiendo de todos modos*, y cada gramo adicional de esfuerzo, tiempo o recursos que ponemos en él es otra parte que perdemos. No podemos salvarlo solo porque hemos pasado mucho tiempo creyendo en él. A veces, incluso aquello a lo que hemos entregado todo no es lo mejor para nosotros a largo plazo.

Es difícil dejarlo ir, pero es más difícil no hacerlo.

05 | Estás dando prioridad a lo que creías en primer lugar

El cerebro tiende a priorizar y sobrevalorar lo que hicimos, conocimos, vimos o aprendimos primero.

Esto nos dificulta cambiar de rumbo.

Tu primer acercamiento y evaluación de tus perspectivas profesionales son un ancla para lo que crees que es posible hoy en día. Es probable que tu primera aproximación a determinadas zonas geográficas o tipos de personas sea igual.

A lo que estuviste expuesto primero o en lo que creíste primero va a tener prioridad en tu mente. Es importante que seas consciente de esto, porque cuando se presenta una mejor opción, tienes que ser capaz de verla como lo que es.

06 | Estás haciendo una evaluación a largo plazo basada en una experiencia a corto plazo

Cuando declaras que nunca encontrarás el amor porque acabas de pasar por una ruptura; cuando te consideras fundamentalmente feo porque no te gusta la ropa que llevas puesta hoy o te hundes en la sensación de que nunca encontrarás tu camino en la vida porque te sientes perdido en este momento, lo que estás haciendo es extrapolar.

La extrapolación es la proyección de una experiencia única en una suposición a largo plazo sobre la vida.

Este momento no es tu vida,
es un momento de tu vida.

RYAN HOLIDAY

Lo que no estás comprendiendo es que el hecho de que tengas temporalmente una experiencia negativa no significa que vaya a definir el resto de tu vida, como temes que suceda.

Lo que en realidad estás diciendo es que no puedes ver una salida a tus circunstancias actuales porque, de alguna manera, *no las controlas completamente*.

En lugar de intentar formarte una opinión definitiva sobre cómo es o no es la vida, o cómo será o no será, basándote en tus circunstancias temporales, intenta verlas como lo que realmente son: una experiencia que estás viviendo en ese momento y que acabará desvaneciéndose, como todas las demás.

07 | Estás utilizando la autorreflexión como un mecanismo de escape, en lugar de una forma de cambiar realmente tu vida

Cuando empezamos algo nuevo en nuestra vida, casi siempre es porque tenemos una revelación sobre ello, o sobre nosotros mismos.

Nos damos cuenta de que debemos que corregir el rumbo, tenemos un momento «¡ajá!» sobre la persona que queremos ser, soltamos lo que nos frena, encontramos valentía y nos embarcamos en nuestro nuevo camino.

Muchas veces es aquí donde las personas se encuentran en un bache.

Aunque mucha gente piensa que el proceso de soltar el pasado y acoger el futuro da miedo, también es muy liberador. De hecho, es tan liberador, que la excitación de tener epifanías y comprensiones que cambian la vida puede a veces eclipsar la puesta en práctica de las mismas.

La verdad es que, sin importar lo que elijas hacer o ser en la vida, para hacerlo bien y a largo plazo, llegará el momento en que todo se volverá aburrido y monótono. Así es a veces la realidad de la vida. Aunque no cabe duda de que sentirás más paz y plenitud si persigues lo que es verdaderamente adecuado para ti, tendrás días malos, periodos de agotamiento, momentos en los que te cuestionarás a ti mismo y te darás cuenta de que a menudo es mucho más excitante y emocionante decidir desarraigarte por completo y empezar de nuevo que simplemente seguir el camino día tras día.

TODO LO QUE SEA VERDADERAMENTE CORRECTO PARA TI TE HARÁ SENTIR EN PAZ

Todo lo que está destinado a ti lo sentirás como una profunda exhalación, como si volvieras a casa, a un lugar que habías olvidado que existía. A menudo anhelamos y deseamos aquello que nos ayuda a escapar de lo que somos, pero las cosas que realmente están destinadas a nosotros —las que llegan y se quedan— nos dan una sensación de calma constante. No necesitan producirnos un arrebato, sino arraigarnos. Es en el momento donde realmente existe el amor. El momento es el único lugar donde podemos cobrar vida.

Todo lo que es realmente adecuado para ti te hará sentirte a gusto.

Todo lo que es verdaderamente correcto para ti parecerá tan simple, tan obvio, tan cómodo.

Todo lo que es realmente correcto para ti te elegirá tan rápido como tú lo elijas.

Todo lo que es genuinamente bueno para ti ocurrirá de forma serendípica y espontánea: te llegará cuando lo esperes y cuando no, como una sorpresa y como una certeza; y te parecerá un hecho tan obvio de tu vida y, al mismo tiempo, algo completamente nuevo.

A menudo llegamos a creer que aquello que es más adecuado para nosotros es lo que nos produce las mayores emociones, y eso es un error. Lo que es verdaderamente adecuado para nosotros nos produce las emociones más *profundas*. El amor es una presencia penetrante y constante, no una ráfaga de lujuria al corazón. El destino es una sutil coincidencia que te hace detenerte y decir, *«bueno, ¿no es curioso cómo resultó eso?»*.

Lo que es correcto para nosotros no es una declaración difícil, no es algo que tengamos que forzar o preguntarnos durante mucho tiempo. No es algo que nos haga buscar señales, no requiere que hagamos un sondeo entre nuestros amigos para recabar sus opiniones. No nos deja cuestionando, afligidos, dudando de nosotros mismos. Tampoco nos deja en suspenso. No se siente como si tuviéramos que atraparlo antes de que se vaya, sino que siempre estará esperándonos cuando estemos preparados.

Las cosas que más nos convienen son también las más fáciles de pasar por alto, porque al principio suelen ser sutiles.

Las pequeñas cosas se convierten en grandes con el tiempo, solo tenemos que darles una oportunidad. Solo tenemos que mantener el rumbo. Solo tenemos que darnos cuenta de que la vida atraerá como un imán hacia nosotros lo que está destinado a ser nuestro.

A veces, nuestro único trabajo es no estorbar.

Sé lo difícil que es creer que las cosas correctas te encontrarán en un mundo en el que por lo general no lo hacen. En una vida en la que te has sentido tan profundamente decepcionado y desilusionado, a veces necesitarás toda la fe que puedas reunir para creer que hay, de hecho, un camino mejor.

A veces, no creerás en ello en absoluto.

Y está bien.

Las cosas correctas te encontrarán de la misma manera en que todo lo demás te ha encontrado. Todo lo que ha venido y todo lo que vendrá ha sido traído a la vida por tu presencia y tu participación. Con frecuencia, no tienes que ir a corretear las cosas que son correctas, sino, más bien, hacer el esfuerzo para conseguirlas. No hay que convencerlas para que se queden, sino comprometerse con ellas. No son cosas que descubrimos un día, sino indicios que se nos ofrecen, instancias de oportunidad sobre las que empezamos a construir nuestra vida.

Cuando salimos a buscar nuestras relaciones de alma gemela, a menudo nos desanimamos al encontrar un mar de seres humanos, todos decepcionados y perdidos a su manera. Poco a poco, descubrimos que las personas que más nos convienen no son solo aquellas con las que tenemos una conexión instantánea y eléctrica, sino también aquellas con las que podemos crecer, caminar y evolucionar. Las raíces de las grandes historias de amor se plantan lentamente a lo largo de los años, con cada giro que dan ustedes juntos, con cada lección aprendida. En realidad, el amor que deseas es el que creas con alguien que está tan dispuesto a expandirse contigo como tú con él. De la misma forma, no perdemos el amor cuando nos falta la pasión, lo perdemos cuando nos falta el potencial adicional de crecimiento.

Cuando salimos a buscar el trabajo de nuestros sueños, el propósito de nuestra vida, a menudo nos desanimamos al descubrir que cada camino presenta una montaña de desafíos y, en el proceso, sale a la luz cada uno de nuestros miedos sobre nuestra potencial falta de valía. Creíamos erróneamente que hacer el esfuerzo por lograr nuestros sueños sería algo que nos ayudaría a escapar de ser tan humanos, cuando es, de hecho, la forma en que nos volvemos más humanos. Lo que buscamos no es un camino de vida que sea fácil, sino uno que valga la pena; uno por el que estemos dispuestos a sufrir, a hacer el intento y esforzarnos; uno en el que la dificultad no se convierta en un impedimento, sino en un sutil motivador. Un camino en el que podemos volver a casa al final de la noche, cerrar los ojos y sentirnos tranquilos por haber hecho lo mejor que pudimos por algo que realmente importaba en nuestra vida o en la de otra persona, y eso, en sí mismo, es suficiente.

Cuando nos despertamos cada día y nos preguntamos cómo podríamos diseñar una existencia que honre y revele las capas más profundas de lo que realmente somos, a menudo nos sentimos presionados al darnos cuenta de que, por mucha intención consciente que infundamos en nuestros días, siempre hay variables, siempre el mundo más allá de nosotros mismos arrasa y escapa a nuestro control. Lo que buscamos no es una forma de convencernos de que nuestra burbuja de serenidad es todo lo que existe, sino crear nuestro propio refugio personal como recordatorio constante de que es posible abrirse camino en este mundo, de que es posible volver a casa con uno mismo.

Todo aquello que es verdaderamente adecuado para ti te hará sentirte a gusto, y no porque sea simple o fácil, o perfecto de inmediato. Te hará sentir paz porque sabes que estás destinado a ello, para bien o para mal. Te hará sentir paz porque terminarás cada día sabiendo que diste todo por algo que te importaba. Te hará sentir paz porque rápidamente te darás cuenta de que dentro de todo este enorme universo, tener un alma frente a ti, una tarea que es solo tuya, un cuerpo a través del cual un aliento temporal te sostiene, es un milagro improbable que estás viviendo.

Las cosas que son realmente adecuadas para ti te encontrarán y se quedarán. Te harán crecer, te desafiarán y te cambiarán.

Sobre todo, no existirán en la distancia, en el futuro, en una versión potencial de la realidad.

Es su innegable presencia la que acabará por tranquilizar a tu corazón.

TIENES QUE PRACTICAR EL DEJAR IR

Casi todos vivimos con la suposición de que, si algo no es adecuado para nosotros, simplemente se alejará con el tiempo. Nos demoramos, nos preguntamos, nos aferramos a lo que está claro que no encaja y esperamos a que el universo haga el trabajo sucio; y nos sentimos desolados una vez que ha terminado.

Pensamos en dejar ir como un último esfuerzo para nuestra propia seguridad y cordura: solo lo haremos si tenemos que hacerlo, solo si nos vemos obligados, solo si el mundo nos demuestra realmente que algo no está destinado a ser.

Hay una manera más fácil.

Dejar ir no es un evento, es una práctica.

Es algo que aprendemos a hacer con las cosas pequeñas, para que cuando lleguen las grandes, sepamos cómo hacerlo.

Tenemos que aprender a dejar ir los pensamientos, los momentos.

Tenemos que aprender a dejar ir a los conocidos, la preocupación por las opiniones de los demás, tantas discusiones y peleas insignificantes en las que podemos elegir no participar. Tenemos que aprender a soltar los objetos que solo sirven como reliquias de un tiempo que ha pasado, la ropa que vestía a la persona que ya no somos. Tenemos que aprender a dejar de lado los sueños que elegimos para la persona que finalmente dejamos atrás, tenemos que aprender a soltar la idea de que otras personas están destinadas a cumplir nuestras expectativas sobre ellas, en lugar de sus propias verdades imprevisibles.

Hemos hecho que el proceso de desprendimiento parezca una hazaña sobrehumana solo alcanzable para los verdaderos iluminados y, así, encontramos muchas maneras de evitarlo. Por ejemplo, lograr tener un cuerpo envidiable como venganza contra un ex para superar la pérdida y demostrar que estaba equivocado. Encontramos muchas maneras de hacer que parezca que lo hemos superado por completo y, sin embargo, permanecemos precisamente donde solíamos estar: viviendo a través de la mirada de lo que imaginamos que otra persona podría ver.

Dejar ir es tan fácil como una exhalación.

Lo haces todo el tiempo.

Hay tantas miles de cosas que has soltado, y solo unas pocas a las que te sigues aferrando.

A veces, soltar es una acción; a veces, es una decisión, y con gran frecuencia, es una cuestión de distracción. Soltamos no cuando creemos que debemos hacerlo, sino cuando nuestra mente pasa a recitar historias diferentes y construir nuevas realidades. Lo superamos no cuando por fin desmontamos adecuadamente las piezas de lo que fue, sino cuando empezamos a pensar más en lo que nos gustaría construir en su lugar.

Es decir, en realidad, no estamos dejando ir.

Solo estamos aceptando lo que ya se fue.

Lo que en realidad estamos liberando es solo una idea.

Una idea que teníamos sobre quiénes éramos, o quién podría ser otra persona. Una idea que teníamos sobre cómo se desarrollaría el futuro y cómo llegaríamos a él. Una idea que teníamos sobre el mundo, y cómo funciona, y si estamos o no a salvo.

Verás, dejar ir, soltar, no es un proceso simple de liberar algo en la nada. Es un proceso de crecimiento profundo. En lugar de lo que ya no sirve, nos vemos obligados a procurar alcanzar lo que finalmente sanará.

ASÍ ENCUENTRAS LA CONFIANZA PARA PERSEGUIR LO QUE REALMENTE AMAS

Esto es para todas las personas que se encuentran mirando fijamente la perspectiva de sus sueños mientras su pecho se hunde al sentirse abrumados por la duda, por el temor, por el miedo a que este sentimiento sea una señal de que no deben seguir adelante.

Esto es para todas las personas cuyos pensamientos son ecos imaginados de lo que el mundo podría decir, todo lo cual, en última instancia, da vuelta en círculo y regresa al mismo sentimiento.

¿Quién eres tú para hacer esto?

Tal vez seas joven y estés aprendiendo. Tal vez no seas tan joven y tengas una carrera consolidada que es una apuesta segura para una jubilación rápida y fácil. Tal vez estés cambiando de campo de manera radical. Tal vez estás intentando algo completamente nuevo. Tal vez por fin empiezas a animarte a compartir lo que has estado creando y soñando desde que lo hacías a solas en el dormitorio de tu infancia.

No importa en qué punto de tu viaje te encuentren estas palabras; son para ti si hay algo en lo más profundo de tu ser que te llama a tu futuro, y una duda abrumadora que intenta mantenerte estancado justo donde estás.

Tienes que mirar a tu alrededor.

No a los grandes, ni a tus ídolos.

Compararte con ellos solo te hará sentirte pequeño y que no mereces. En lugar de medirte con ese estándar, considera sus éxitos como una prueba de lo que es posible, y luego mira a tu alrededor: observa a tus compañeros. Observa lo que hacen los que te rodean. Observa cuántos artistas están creando y construyendo negocios nacidos de su pasión. Observa cuántos escritores están creando poemas, cuántos entrenadores están dirigiendo a sus clientes, cuántas clases se venden, cómo se mueve la educación, cómo se compra y se exhibe el arte.

El mundo en el que vivimos hoy en día posibilita situaciones que eran *completamente imposibles* hace unos años.

Las personas quieren apoyarte.

Quieren aprender de ti.

Quieren crecer contigo.

Tú formas parte de este ecosistema; ya concuerdas con él.

Si observas a los que están a tu lado durante el tiempo suficiente, te darás cuenta de que los que están arraigados con firmeza en la vida de su anhelo más profundo no son necesariamente los más dotados, los más escandalosamente talentosos ni los más perfectos en su oficio. Lo que sí es que están unos pasos por delante de ti, porque han estado presentes de forma constante durante el tiempo que tú pasaste preguntándote si debías hacerlo.

Cuando somos *demasiado buenos* en algo, nuestra práctica suele derivar en manía y locura. Nos consumimos con eso. Nuestro sentido de la importancia eclipsa el trabajo en sí, y nos paralizamos.

No tienes que ser así.

No tiene que verse de esta manera.

¿Esos ídolos bajo cuya sombra estás tú? Tenían trabajos diurnos.

Las personas que vivieron una vida larga y plena persiguiendo lo que realmente amaban no siempre obtuvieron sus ingresos de ello, ni mucho dinero de ello siquiera. Otros sí, y todavía lo hacen. En cualquier caso, no necesitas medir tu valía como artista, creador, emprendedor o aspirante por el grado en que tu compromiso eclipse todo lo demás.

Estar presente es lo que hace que tu trabajo valga la pena.

Estar presente es lo que crea tu valía personal.

Estar presente y *permitir* es lo que hace tu mejor producto.

No se trata de hacer comparaciones sobre experiencia, tampoco se trata de la complejidad o el realismo, ni de quién recibe la mejor oferta y la más veloz. No se trata de quién tiene éxito más pronto, ni de quién tiene la actitud más franca al respecto. No se trata de las pocas personas que pueden crear absolutas obras maestras de su trabajo y su vida, sino de las muchas que están dispuestas a estar presentes y hacer lo mejor que pueden —crear lo que les inspira y los hace sentir y pensar— quienes demuestran que, con frecuencia, lo que queremos compartir y consumir tiene más relación con lo que resuena a escala humana que con lo que es tan impresionante que se vuelve cautivador.

Las obras de arte que hay en las paredes de los museos son, sin duda, extraordinarias, pero no suelen estar en las paredes de las casas, y no es por el precio, ya que cualquiera puede conseguir una impresión o una copia.

Lo que hay en las paredes de las casas son mensajes que nos dicen algo. Eso es lo que hay en las estanterías de las personas, lo que hay en su lista de libros por leer, lo que comparten con sus seres queridos. Eso es lo que deciden comprar, es con lo que eligen entretenerse.

No tienes que ser un buen artista para que valga la pena que hagas lo que amas.

No tienes que ser un autor de *bestsellers*, no tienes que salir en la televisión, no tienes que ser un nombre conocido, no tienes que escribir la próxima novela que se estudie en las aulas de todo el país. No tienes que ser el más impresionante, elusivo, intocable.

No necesitas tener una gran audiencia.

No necesitas que mucha gente crea en tu capacidad.

Todo lo que necesitas es la voluntad de crear algo que sea auténtico, verdadero y conmovedor para ti, algo que te saque de tu experiencia humana y te lleve a otra, que dé sentido al pasado, que aclare tu percepción del futuro, que te haga experimentar las mismas emociones que cuando te enamoraste por primera vez o cuando aprendiste a soltar o te sentiste completamente asombrado, inspirado o en paz.

Eso es lo que debe llegar a manos de nuestros semejantes.

Si buscas recibir el permiso para hacer lo que te gusta, si buscas la confianza para pasar tus días haciendo lo que te gusta, lo que realmente te preguntas es si eres lo suficientemente bueno como para merecer el tiempo de la gente.

Pues debes saber esto.

La gente quiere escuchar historias que suenen como las suyas.

Quieren leer una obra en la que reconozcan su situación.

Quieren coleccionar y consumir lo que les hace sentirse comprendidos.

Quieren ver fuera de ellos un pedacito de lo que llevan dentro, y la única manera de crearlo para otras personas es sacar un fragmento de tu alma y ponerlo en el papel.

Eso es todo.

Es fácil comprar la idea de aquello que se nos expuso como «bueno» al crecer y en la escuela es la totalidad de lo que es la bondad. Ese «bien» suele definirse con una medida muy específica (y arcaica). También es elegido por aquellos que probablemente tienen un motivo oculto.

No es exhaustivo.

No es representativo.

Por lo general, no le habla a la gente de la forma en que podría haberlo hecho hace cien años.

El arte que necesitamos hoy es diferente porque ya no necesitamos crear para demostrar algo sobre nuestro talento. En cambio, podemos crear para compartir energía. Podemos crear para expresar nuestra experiencia. Podemos crear para que la gente se sienta escuchada y comprendida.

Podemos crear para sanarnos a nosotros mismos y extender esa sanación hacia el exterior.

Si estás buscando una señal o algo que te convenza de que eres suficientemente valioso para tu propio destino, tendrás que empezar por lo primero que te da valentía, que es sentir tu vida desde adentro en lugar de percibirla desde afuera.

Tendrás que empezar a deconstruir la forma en que has vivido antes de este momento, porque si eres como la mayoría de la gente, la mayor parte de lo que haces, eliges y crees que es tu propia visión, en realidad es una copia de la de otra persona, un medio para un fin; y el fin es siempre una conexión.

Tendrás que decidir que vivir de acuerdo con tu verdad más íntima es tu máxima prioridad, por la que se puede arriesgar cualquier cosa y por la que todo debe arriesgarse. Tendrás que decidir hasta qué punto estás dispuesto a encontrarte con tu alma en la cima del monte, hasta dónde subirás, cuánto te importará y cuán profundamente te comprometerás con el trabajo, porque *esto es trabajo*.

Tendrás que decir adiós a las certezas.

Como los planes quinquenales, los sueldos regulares, las explicaciones fáciles sobre lo que haces.

Es decir, aquello que hace que la gente se sienta menos atemorizada, pero no más viva.

Tendrás que elaborar un boceto imaginando cómo podrías ver tu vida transformarse. Tendrás que ser ambicioso, porque si vas a hacerlo, tienes que llegar hasta el final. Mientras haces esto, tendrás que eliminar las partes de esa visión que estén supeditadas a intentar demostrar tu valía a quien pudiera desear trabajar contigo. Tu valía es tuya para compartir, y para que el mundo vea; no más juegos mentales contigo mismo.

Tendrás que convertirte en un estudiante perpetuo.

Tendrás que aprender sobre negocios, incluso si eres un artista.

Tendrás que aprender sobre el arte, incluso si eres propietario de una empresa.

Tendrás que determinar dónde crear tu plataforma, cómo tejer tu comunidad, dónde será más impactante tu presencia y cómo. Tendrás que averiguar el ecosistema que se convertirá en tu vida, las formas en que crearás y compartirás y luego permitirás que tu trabajo se expanda hacia afuera y hacia infinitamente más.

Tendrás que empezar donde estás. Tendrás que ser humilde.

Tendrás que dejar de llamar a la puerta y construir tu propio pasillo.

Tendrás que probar e intentar cambiar las cosas.

Tu primera aproximación no será la última.

Tendrás que estar dispuesto a lanzar espagueti a la pared más veces de las que crees que deberías hacerlo. Tendrás que estar dispuesto a retirarte no porque algo no funcione, sino porque otra cosa podría funcionar mejor.

Tendrás que reinventar tu imagen personal.

Tendrás que convertirte en el tipo de persona que se gana la vida haciendo lo que le gusta, no en un aficionado que intenta ver si puede salir adelante.

Tendrás que dejar de pedir permiso.

Tendrás que dejar de pensar que la perspectiva de una persona sobre ti es la suma de lo que eres.

Tendrás que estar presente una y otra, y otra vez.

Tendrás que crear, una y otra, y otra vez.

Entonces tendrás que observar lo que llega y lo que queda.

Estar atento a lo que funciona.

Esperar lo que no supone ningún esfuerzo.

Sigue adelante hasta que llegues a un punto en el que el mínimo esfuerzo te proporcione una gran recompensa, y entonces sigue adelante.

Continúa.

Vas a tener que tomar acciones que otras personas no están dispuestas a tomar.

Vas a tener que dejar de tener miedo a las fluctuaciones de ingresos o a las deudas de las tarjetas de crédito o a las críticas negativas o a parecer tonto o a quedarte tranquilo y fingir que no te importa.

Va a tener que importarte.

Vas a tener que creer en tu visión hasta que alguien más lo haga.

Primero tendrás que sostener una antorcha para ti.

Tendrás que aprender que no encontramos espontáneamente, un día, el valor para ir tras lo que amamos. Sentimos un impulso, una corazonada, un pequeño deseo de dar un paso en la dirección de nuestros sueños. Entonces seguimos adelante, incluso ante la duda y la especulación. Entonces emprendemos, con un corazón salvaje y abierto, con total abandono, con un compromiso total.

La confianza que buscas no llegará sino hasta que empieces.

No vendrá de la gimnasia mental, las comparaciones o las ilusiones sobre tu importancia.

Vendrá de la simple virtud de ser alguien que está dispuesto a arriesgarlo todo para vivir una vida que sienta más verdadera, para crear algo que le importe, y tener la esperanza de que a alguien más le importe también.

Eso es todo.

Esa es la historia de todos nosotros; de absolutamente todos.

No necesitas encontrar la confianza para perseguir lo que realmente amas.

Solo tienes que estar dispuesto a empezar.

Entonces también tendrás que estar dispuesto a detenerte.

Corregir en exceso es lo contrario de la creatividad.

Trabajar en exceso no es una aspiración, es un mecanismo de escape.

Lo que nadie te dice es que entre la pasión y la obsesión hay una línea muy fina. Cada día te encontrarás en una línea muy fina.

Lo que nadie te dice es que hacer lo que te gusta aumenta tu sensibilidad hacia tu trabajo, de modo que siempre estás un poco en la negación. La desaprobación duele de cierta manera que contrae el alma, porque te importa, aunque te cueste admitir que te importa. Te importa porque esto es más que un trabajo. Te importa porque es algo más que un medio para conseguir un fin.

Estas son tus piezas más vulnerables. Esto es lo que *eres*.

Lo que nadie te dice es que hacer lo que amas casi siempre significa hacer muchas otras cosas para pagar las facturas, de modo que puedas hacer espacio y recuperar tiempo para crear libremente y con abandono, y en perfecta alineación con lo que quieres llegar a ser.

Lo que nadie te dice sobre hacer lo que te gusta es que la falta de certeza frena a más gente de lo que el talento (o la falta de él) podría.

Lo que nadie te dice es que la constancia supera al talento.

Lo que nadie te dice es que cuando combinas las dos cosas —hacer lo que te sale sin esfuerzo tan a menudo como puedas— llegas a tu mejor momento.

Lo que nadie te dice es que la *seguridad es una ilusión*, una que la mayoría de la gente cree. No hay trabajos, caminos ni opciones seguras, y si los hubiera, *perseguir tus sueños y tener múltiples formas de ingreso sería probablemente* «más seguro» *de todos modos*. Esa parte no te la enseñan en la escuela.

Lo que nadie te dice sobre hacer lo que amas es que debes aprender de dónde sacar tu creatividad, porque donde la mayoría de la gente empieza es en su dolor más profundo, y donde terminan es en el agotamiento.

Lo que nadie te dice es que tendrás que fortalecer tu músculo creativo hasta el punto en que puedas trabajar, pero permaneciendo relativamente desapegado.

Lo que nadie te dice es que lo que duele es el apego. Es la expectativa de lo que debería ser o lo que sería y para qué fecha.

Porque a pesar de todas las incógnitas, de toda la vulnerabilidad, de todos los días que pasas mirando el camino sin saber lo que puede pasar, lo que nadie te dice es que *vale la pena*.

Cada pequeña parte.

Merece la pena cambiar una ilusión de seguridad por la realidad de vivir como quieres, recuperar al menos algunas partes de tu vida, al menos decidirte a hacerlo, al menos solo intentarlo.

Intentarlo es más de lo que la mayoría de la gente está dispuesta a hacer de todos modos.

Nadie sabe qué sigue.

Lo que nadie te dice es que ganar dinero con lo que amas no es venderse, es dejar que tu alma te apoye y te alimente, es aceptar que todos necesitamos ingresos para vivir y, si podemos hacerlo por medio de nuestra pasión, es genial.

Lo que nadie te dice es que, aunque te salgas de la norma, no eres del todo un caso atípico. Hay más personas de las que imaginas que siguen caminos similares. No estás solo. Nunca lo has estado. No eres un unicornio. En lugar de dejar que tu ego se sienta herido por esto, abrázalo. Conéctate con otros que van por el mismo camino.

Lo que nadie te dice es que lo más difícil será averiguar cómo estructurar tus días ahora que todo depende de ti.

Esto requiere disciplina.

Requiere visión.

Requiere compromiso.

Requiere imponerse a uno mismo mucha estructura.

Al principio es difícil. Luego, con el tiempo, se vuelve más liberador.

Lo que nadie te dice es que *esta no es la salida fácil.* Esto no es necesariamente la forma de optar por una vida sin dificultades. Es simplemente hacer algo que haga que las dificultades valgan la pena.

LEE ESTO SI ESTÁS A PUNTO DE LOGRAR ALGO, PERO TEMES DAR EL SALTO

Existe un camino que conduce a todo lo que sabes que te está esperando, aunque ahora mismo no sepas qué es.

A veces, los caminos que planificamos con demasiada atención, de alguna manera, acaban limitándonos. Existen posibilidades disponibles para tu yo futuro que tu yo actual no podría considerar siquiera.

Todo lo que tu mente puede extraer es lo que conoce y si estás tratando de construir una vida fuera de eso, entonces tendrás que abrirte no solo a la posibilidad de que hay un camino que te lleve, sino que también es posible que el destino sea un lugar todavía mejor de lo que pensabas.

A veces, no lo sabemos porque no podemos saberlo. El solo hecho de que lo supiéramos interrumpiría el tiempo de lo que se está desenvolviendo. El solo hecho de saberlo nos impediría aprender las lecciones que hoy están aquí para nosotros.

¿Y esas lecciones? No son una deuda que tenemos que pagar o un purgatorio en el que estamos atrapados, son los bloques de construcción del carácter de la persona que se está abriendo a este siguiente nivel de su existencia. Lo que está aquí para ti ahora mismo contiene la sabiduría y el crecimiento necesarios para desbloquear la siguiente fase.

Espero que en lugar de preguntarte y preocuparte por cómo vas a avanzar, puedas simplemente recordar todas las otras veces en que temiste que nunca lo harías... pero que sí lo hiciste. Puedes recordar que nunca habrías imaginado exactamente lo que te llevó a la mayoría de las cosas buenas de tu vida, y espero que eso te inspire a mantener tu corazón abierto al asombro, al misterio, a lo infinitamente desconocido a través de lo cual surgirá todo lo bello e importante.

Espero que rompas sonoramente, que falles y te acerques hacia lo que importa, que te permitas conocer el amor profundo, aunque eso signifique que puedas perderlo.

No hay mérito alguno en contenerse, nada se gana sino una vida a medio vivir. Si no puedes decir nada más de ti, di que tuviste valor. Di que al menos lo intentaste. Incluso si nunca llegas, permite que tu legado sea el de la tenacidad, uno en el que no permitiste que el miedo te impidiera hacer aquello por lo que habías nacido o tener la vida que debías vivir.

Si lo echas a perder, lo echas a perder. Si se te rompe el corazón en mil pedazos, se te rompe el corazón. Si dices lo que no debes, dices lo que no debes.

Por favor, no permitas que pase ni un momento más de tu breve y hermosa vida en el que te quedes paralizado por el miedo a no hacerlo todo a la perfección, un miedo que te ha llevado a resistirte a hacer cualquier cosa que tenga sentido.

La verdad es que las mismas personas que temen tan profundamente a eso son a menudo las mismas que tienen más que ofrecer, las que tienen los corazones más honestos y las mentes más dispuestas.

No hemos venido aquí para llegar a la muerte intactos y sin habernos conmovido nunca, precisamente como estábamos al principio.

El mundo necesita más gente como tú que se muestre valiente.

Aunque nunca llegaras al otro lado, ¿estarás bien si te pasas toda la vida sabiendo que no lo intentaste siquiera?

Tal vez lo más amable que podrías hacer por ti en este momento es ser honesto contigo mismo.

Confía en ti.

Debes saber que tus sentimientos son válidos y que es posible que estén tratando de llevarte a un lugar en el que nunca has estado.

Tal vez lo más amable que puedas hacer por ti mismo sea ser tu yo entero, aún cuando temas no ser aceptado. Tal vez lo más amable que puedas hacer es estar tan abierto a tu propia alma como puedas, aunque no todo el mundo te entienda.

Tal vez lo más amable que podrías hacer por ti mismo es dejar de suavizar cada sentimiento que te aleja del camino cómodo, sabiendo que tal vez este impulso viene de alguna parte y tal vez tiene un propósito mayor.

Posiblemente le des a otra persona el permiso para ser, de forma honesta, quien es. Tal vez seas la prueba viviente de que es posible hacer más. Podría ser que te conviertas en el tipo de guía para otros que tú mismo nunca tuviste.

Y tal vez, al final, lo más amable que podrías hacer por ti mismo es saber que no hay nada que nos retenga más que las palabras importantes que quedaron sin decirse, los instintos profundos que no se sintieron, los llamados que no fueron respondidos.

Tu vida te busca, y tal vez lo más amable que puedes hacer es buscarla de regreso.

Con el paso del tiempo, empezarás a ver la magia del proceso. Empezarás a entender por qué las cosas tenían que suceder precisamente de la manera en que lo hicieron. Te darás cuenta de que si no hubieras tenido las experiencias exactas que tuviste tal y como las tuviste, te habrías perdido algunas lecciones esenciales, herramientas y piezas de sabiduría que te convirtieron en la persona que eres hoy, la persona que seguirá caminando hacia adelante.

Cuando miras al pasado, puedes ver el propósito en la forma en que se desarrolló todo, y estoy aquí para decirte que un día también lo verás en lo que está sucediendo ahora. Solo tienes que seguir adelante. Un día vas a mirar hacia atrás a este tiempo y te darás cuenta de que siempre estuviste justo donde debías estar.

16 FORMAS EN QUE LAS PERSONAS EMOCIONALMENTE INTELIGENTES INTERPRETAN LAS EMOCIONES NEGATIVAS DE DIFERENTE MANERA

En el corazón del malestar está el potencial de una gran sabiduría. Cada vez que sentimos celos, o estamos enfadados, arrepentidos, resentidos, nos odiamos a nosotros mismos, nos juzgamos, cerramos nuestra mente y perdemos la esperanza, también se nos brinda la oportunidad de transformar nuestra mentalidad y cambiar nuestra vida.

Estas emociones no son castigos, son señales de los cambios que deben producirse para apoyar la vida que deseamos crear. He aquí 16 de las más importantes.

«Lo que envidio en los demás me está mostrando lo que deseo para mí».

La envidia es una emoción reveladora. Se enmascara como ira o frustración cuando en realidad es un deseo enterrado a gran profundidad.

Lo que envidiamos en los demás es en realidad una señal para que tengamos más claro lo que queremos crear para nosotros mismos. En realidad, no estamos tratando de decir que *no lo merecen*, sino más bien que *quiero sentir que yo también me lo merezco*. Los celos revelan nuestra autosupresión.

Cuando ves que otra persona se da permiso activamente (o sin esfuerzo aparente) de dedicarse a algo, tu respuesta es proyectar en ellos que tú te sientes inadecuado. Si tú no puedes hacerlo, *¿por qué deberían hacerlo ellos?*

En lugar de permitir que la envidia te convierta en la versión más mezquina de ti mismo, puedes entender que dentro de aquello que envidias hay una verdad que te revela la meta para la cual deberías estar trabajando, y no lo que debes criticar porque otra persona lo tenga.

«Mis sentimientos son mensajeros, pero no tengo que actuar a raíz de cada uno de ellos».

Lo curioso de los sentimientos es que en nuestra búsqueda por validarlos (que es la única forma de liberarlos) a menudo puede parecer que los hacemos más reales.

No todo lo que sentimos refleja la realidad ni cómo son las cosas. Probablemente hayas tenido la experiencia de pensar que alguien era «el amor de tu vida» cuando no lo era, o que no eras lo suficientemente bueno cuando en realidad lo eras, y así podríamos seguir.

En lugar de responder a nuestras emociones de forma impulsiva, podemos observarlas y luego cuestionarlas. *¿Es* *esto útil? ¿Es sincero? ¿Procede de una perspectiva clara o de una herida persistente del pasado?*

Rastrea su origen y extrae la lección que te está esperando. Sabrás que lo has hecho con éxito cuando emerjas con una nueva narrativa interior más sabia, más precisa y que te haga sentir tranquilo.

«Lo que me gustaría haber hecho ayer me está mostrando lo que tengo que hacer hoy».

Te contaré un pequeño y sucio secreto: hay miles de cosas de las que te arrepientes de tu pasado y de las que no eres consciente. La razón por la que permanecen en los recovecos de tu mente es que, en última instancia, no son útiles para tu presente ni para tu futuro.

Las situaciones de las que te arrepientes activa y persistentemente te indican, no lo que desearías haber hecho en el pasado, sino lo que quieres y necesitas crear en el futuro.

En lugar de pensar en todo lo que desearías haber hecho, concibe otra forma de vivir esa experiencia ahora o en los próximos años. Nunca hay solo una oportunidad de hacer algo importante en la vida.

Solo hay una oportunidad de hacerlo *de esa manera específica*, pero en última instancia, es probable que haya docenas de caminos hacia tu destino: únicamente tienes que elegir no detener el viaje solo porque uno era un callejón sin salida.

«Es posible que yo me vea de modo más negativo que nadie».

Ni tus peores críticos te juzgan tanto como tú mismo. Ellos siguen viendo una película increíble mientras tú repasas todas las secuencias del detrás de cámaras.

Nadie más tiene acceso a todos los conocimientos que tú tienes sobre ti mismo, así que es imposible que te perciban tan negativamente como tú te ves a ti mismo. Además, la mayoría de la gente piensa en los demás de forma positiva, o al menos neutra, hasta que se les da una razón para no hacerlo. Esto significa que la mayoría de la gente piensa en ti bastante bien, de forma indiferente, o no piensa en absoluto.

Todas esas autocríticas intensas e implacables son solo eso: *auto*críticas. Nadie está sentado pensando en ese acto vergonzoso que hiciste hace cinco años, ni evaluando cuánto progresas o no progresas en la vida. Están sentados pensando en sí mismos.

«Lo más probable es que los demás piensen que lo estoy haciendo mejor de lo que yo creo».

Del mismo modo, es mucho más probable que otras personas valoren tus logros y atributos mientras que tú estés más centrado en tus defectos y fracasos.

Esto debería ayudar para que te des cuenta de que no le tienes que demostrar nada a nadie; *el éxito es algo evidente*.

Cuando te acercas a otras personas imaginando que al menos tienen una visión relativamente positiva de ti, cambia tu forma de actuar con ellas. En lugar de actuar a la defensiva, puedes conectar, sabiendo que probablemente ya piensan que eres una persona valiosa (porque lo eres).

«Si solo logro una cosa hoy, es suficiente».

No deseas ser productivo de forma constante porque el mundo te dice que lo seas, deseas ser productivo de modo constante porque tienes miedo a la carencia. Tienes miedo de fracasar, temes la inestabilidad, temes quedarte atrás.

Si bien es cierto que el mundo ha inculcado una cultura (y una estructura social) que hace que estos temores sean más comunes, es importante que redirijamos la culpa y volvamos a colocar la responsabilidad en nosotros mismos.

Si nunca nos enfrentamos a nuestros aterradores sentimientos de duda, nos forzaremos a trabajar en exceso (y a sobrecompensar) hasta morir.

Podemos cambiar la narrativa enfocando la productividad de una manera más realista. Algunos días, lo harás todo. Otros días, necesitas descansar. Algunos días, el simple hecho de tachar una tarea de la lista es motivo suficiente para sentirse orgulloso de uno mismo.

En lugar de intentar sentir menos culpa como forma de rebelión contra un mundo que crees que te persigue, considéralo como una recalibración de tu mentalidad hacia algo más racional. Pequeños pasos, dados casi a diario, te acercan a la estabilidad y el éxito.

No es necesario hacerlo *todo* para estar a salvo.

«Tengo permiso de expresar y procesar emociones profundas».

Hay días en los que la vida te deja fuera del juego. El problema es que, en lugar de acoger las fuertes olas de emoción, nos resistimos a ellas y acabamos con una acumulación intensa que nos hace estar constantemente tensos y al límite.

La forma de remediarlo es cambiando la forma de enfocar nuestros sentimientos en el momento presente. Hacer esto no significa que te estés quedando atrás. No significa que seas un ser inferior, o que estés retrocediendo y tampoco que te estés autosaboteando. Solo significa que estás procesando, y eso es algo bueno.

Cuando no nos permitimos tener estos momentos tan vulnerables y humanos, nos convertimos en un robot hipersensible que constantemente intenta controlar nuestra vida y las de quienes nos rodean por miedo a que cualquier desencadenante pueda desatar la avalancha.

Podemos asimilar mejor nuestra salud emocional si nos permitimos dejarnos caer, llorar, desahogarnos y aceptar las mareas bajas cuando llegan, sabiendo que siempre saldrá el sol.

«Tengo derecho a tener mi propia idea de mí mismo».

Tienes permiso de inventar una imagen de ti mismo separada de las piezas que has juntado a partir de lo que otras personas *te han dicho* sobre ti. Así creas tu autoestima cuando eres niño, pero como adulto, tienes que superarla.

En lugar de aceptar simplemente que eres la suma de cómo te ven los demás, eres libre de crear una percepción de ti mismo que se aproxime más a tu experiencia honesta de tu persona. Una autoimagen verdaderamente sana incluye tanto lo bueno como lo malo (al igual que todas las personas) y se construye al margen de la forma en que *imaginas* que te ven los demás.

«Puedo definir cómo será el éxito en mi propia vida».

Construyes tu concepto de éxito recogiendo las microseñales de la gente que te rodea, y lo que les has oído decir que es y no es aceptable en la vida. Construyes tu idea del éxito en torno a la visión final de lo que te haría más querido.

Así es hasta que te das cuenta de que es un esfuerzo infructuoso. Al final, llegas a la cima de esa montaña en particular únicamente para descubrir que cumpliste la visión de otra persona mientras tú mismo te sientes vacío por dentro. Aquella cima no es un lugar para estar y, sin embargo, es un lugar al que todos debemos llegar antes de saber cómo redirigirnos.

Puedes definir el éxito en tus propios términos. Puedes decir lo que es o no es suficiente para tu vida.

Una forma de ayudarte a ti mismo a hacer esto más fácilmente es dejar de decidir lo que es o no es el éxito para otra persona y desearle lo mejor en su propio viaje, con la conciencia de que una gran vida se ve diferente para cada uno de nosotros.

«Mi propósito puede no ser mi trabajo, y no tiene por qué serlo».

Tu trabajo paga las facturas. Tu propósito da sentido a tu vida. Ninguna persona tiene un único propósito. Nuestro propósito puede cambiar día a día, hora a hora. Nuestro propósito puede encontrarse en una relación o en nuestra presencia, o en un trabajo que hacemos durante un tiempo, y en otro que hacemos después.

Nuestro propósito es *simplemente estar vivos.*

Todo lo demás es igualmente importante, pero si te quedas demasiado absorto en la idea de que tienes que encontrar tu propósito divino dentro de una profesión, te limitas seriamente a ti mismo y limitas tu comprensión del significado verdadero y omnipresente. Además, vinculas tu valor a algo temporal, cuando tu propósito es una expresión infinita de tu propia naturaleza.

En lugar de intentar averiguar qué se supone que debes hacer el *resto de tu existencia*, averigua cuál es el siguiente paso correcto en tu vida, porque probablemente ese sea el camino a seguir.

«A nadie se le exige que esté a la altura de lo que yo espero de él o ella».

El resentimiento suele surgir de las expectativas insatisfechas (e injustas). A nadie se le exige que esté a la altura de nuestras ideas sobre lo que creemos que debe o no debe ser o lo que debe o no debe hacer, del mismo modo que nosotros no estamos obligados a estar a la altura de las ideas que tienen sobre nosotros.

Aquí es donde entran en juego los límites. Aunque no podemos controlar en qué se convierte una persona, sí podemos controlar nuestras interacciones con ella, y debemos hacerlo. Porque cuando asumimos que todo el mundo está obligado a ser lo que nosotros pensamos que debería ser, les imponemos limitaciones y, en última instancia, solo conseguimos sentirnos frustrados y resentidos.

Podemos acoger a las personas por lo que son en este momento o decidir limitar su presencia en nuestra vida.

«Es seguro dejar ir las experiencias pasadas una vez que he extraído la lección de ellas».

No tienes que seguir sobrepensando, No tienes que seguir repasando los detalles de viejas experiencias. No tienes que seguir preocupándote de que te vuelvan a tomar desprevenido.

Cuando no podemos dejar atrás el pasado, a menudo es porque no nos sentimos seguros para hacerlo. Sin la hipervigilancia, asumimos que la amenaza estará libre para aparecer y sorprendernos de nuevo.

Las experiencias que no podemos soltar a menudo guardan aún en su interior una lección que todavía no ha sido extraída. Una vez que hemos aprendido del error y llevamos esa sabiduría con nosotros cada día, somos libres para soltar finalmente aquello que nos la trajo. Cuando no hemos aprendido la lección, no nos sentimos seguros para liberar al maestro.

«Ahora mismo, mi misión es sacar lo mejor de lo que tengo adelante».

En lugar de pensar constantemente en dónde deberías o no deberías estar, o en quién tiene o no más o menos que tú, o en cómo te comparas con tus amigos o familiares o con tu yo del pasado, puedes pensar en la única tarea que cualquiera de nosotros tiene en realidad, que es simplemente *sacar lo mejor de lo que tenemos adelante.* Eso es todo.

Aprovecha al máximo este día. Aprovecha las oportunidades que tienes. Saca lo mejor de tus relaciones actuales. Saca lo mejor de ti mismo, aquí y ahora.

«El mejor» no significa «el más perfecto». Solo significa que, en lugar de dejar que la vida te suceda pasivamente, te presentas a cada momento y trabajas con lo que tienes, en lugar de quejarte de lo que no tienes.

«Mis juicios más persistentes sobre otras personas suelen ser el reflejo de un bloqueo en mi interior».

Lo que no te gusta de otras personas puede revelar mucho sobre tu propia psique.

Sin embargo, lo más importante es que tus problemas relacionales constantes suelen apuntar a bloqueos emocionales dentro de ti mismo, los cuales te impiden tener la vida que estás pidiendo, y por eso están en tu atención consciente.

Si no reconoces el progreso de otra persona, no puedes reconocer el tuyo. Si menosprecias el éxito de otra persona, resistes el propio. Si resumes a alguien por sus peores rasgos, te resumes a ti mismo por los tuyos.

Y lo que casi siempre descubrirás es que los momentos en los que te sientes más obligado a juzgar y apartar a otras personas de tu vida son los mismos en los que te sientes bastante pequeño.

En lugar de proyectar, busca una sabiduría más profunda. Sana tu relación contigo mismo, y el resto se acomodará.

«No necesito sentirme culpable por lo que no puedo controlar».

No tiene sentido aferrarse a lo que ya no puedes cambiar. No tienes que sentirte culpable porque sí. Sentirte culpable no te hace mejor persona, sino que te convierte en una persona *amargada*, lo que inevitablemente se traduce en un comportamiento mucho menos que admirable.

En lugar de tratar de intimidarte a ti mismo para mejorar tu carácter, busca una comprensión más profunda de por qué actuaste como lo hiciste, y qué puntos ciegos te llevaron allí.

Comprender la raíz del comportamiento de forma más completa no solo asegurará que cambies tus acciones en el futuro, sino que te dará una mayor sensación de paz porque estás confiando en tu sabiduría, no en tus impulsos.

«Soy más poderoso de lo que creo».

Cuando te das cuenta de que tus palabras, tus acciones y tus creencias tienen un profundo impacto no solo en tu realidad, sino en la de quienes te rodean, empiezas a tomarte mucho más en serio.

Empiezas a darte cuenta de que sí tienes el poder de cambiar tu vida, de crear lo que deseas, de experimentar otra realidad.

En lugar de intentar mover lo inamovible o cambiar lo incambiable, reconoce que puedes controlar una serie de cosas que están justo adelante de ti, y entonces, con el tiempo, serás capaz de cambiar más y más.

«Mi más alto potencial de vida futura ya existe».

Cuando cierres los ojos e imagines tu futuro yo o tu futura vida, esa que se siente tan bien, tan correcta, tan estimulante y tan esperanzadora, lo que tienes que saber es que *ya existe.*

Esa persona eres tú. Esa vida es la tuya.

El viaje consiste en salvar la distancia entre la visualización y la realidad. Ese viaje incluye la liberación de apegos, el cambio de comportamientos, la modificación de tu sistema de creencias y la lenta toma de medidas cada día hasta que llegues al otro lado.

Estás destinado a lo que más deseas.

Las verdades que te atraen profundamente lo hacen por una razón.

Te estás acercando a la vida que siempre estuvo destinada a ser tuya, pero el primer paso para promulgarla completamente es saber que *ya está ahí*.

Es tuya para que la tomes.

CUANDO ESTÉS LISTO PARA RECOBRAR TU PODER, COMIENZA AQUÍ

Por mucho trabajo interior que hayas hecho, por mucha resiliencia que hayas adquirido, por mucho que creas que tus planes están preparados para el futuro, la vida te recuerda de vez en cuando que no eres un dios en sí mismo.

Coexistes con miles de millones de otros creadores.

Nuestros mundos se fusionan y chocan, y a veces, se derrumban.

Cuando pierdes tu poder interior, en realidad no ha desaparecido. Solo está enterrado bajo la creencia de que hay algo más allá de ti que tiene la capacidad de limitar lo que será tu vida. Se ha vaciado por pensar que lo que te ha perturbado bloqueará tu camino para siempre.

Cuando pierdes tu poder es porque algo llegó y te quitó el sentido de la certeza.

Algún acontecimiento te hizo ver que no siempre se puede predecir lo que va a suceder. Te obligó a reconciliarte con el hecho de que sigues siendo solo un ser humano. Empezaste a sospechar que hay elementos en nuestra vida que no siempre podemos anticipar ni darles sentido una vez que han llegado.

Si has perdido tu poder, es porque te resistes a esta verdad. En lugar de aceptación, has puesto hipervigilancia.

Te has pasado los días reflexionando sobre los detalles, rastreando y diseccionando los acontecimientos y cómo empezaron y terminaron, de atrás hacia adelante y de adelante hacia atrás, una y otra vez. Has observado y has encontrado patrones. Has psicoanalizado. Te has consumido por completo por la posibilidad de que esta ruptura se repita, y en ese consumo, has perdido la voluntad de seguir adelante.

De lo que no te das cuenta es que tu obsesión está actuando como un escudo, aunque no sea muy fuerte.

Estás asumiendo que solo puedes estar a salvo si permites que los pensamientos intrusivos se instalen en tu cabeza. Si dejas que circulen hasta que se incrusten en tu subconsciente, se codifiquen en tu identidad, se reproduzcan en tus acciones diarias, entonces tal vez —solo tal vez— puedas hacer lo que no hiciste antes, que es evitarlos por completo.

Por supuesto, lo que no estás viendo es que al entregar tu poder a algo que está más allá de ti, lo estás haciendo aún más fuerte. Lo que mantiene nuestro poder mental es en dónde ponemos nuestros pensamientos, y luego nuestras creencias, y luego nuestra confianza, y luego nuestra fe.

No podemos confiar siempre en el mundo.

Por lo tanto, debemos encontrar la determinación de confiar en nosotros mismos.

Confiar en ti mismo no es creer que nunca más te harán daño.

Confiar en ti mismo no es pensar que estás más seguro por jugar en pequeño.

Confiar en ti mismo significa que te atreverás a dar un paso adelante, a pesar de todas las probabilidades, sin importar lo que se oponga a ti, sin importar las fuerzas que puedan estar actuando. Confiar en ti mismo significa que ya no te conformas con alojar tu alma en las circunstancias que hace tiempo dejaron de servirte. Confiar en ti mismo significa que ya no aceptarás que el miedo te reprograme, que reoriente tus valores y que cambie tu perspectiva por una que simplemente te retenga.

La sanación es la máxima vulnerabilidad.

No significa que lleguemos al otro lado declarando mágicamente que somos el vencedor, sino que nos presentamos humildemente, con el corazón herido pero abierto.

Sanar es aceptar el dolor como parte de ser humano.

Sanar es seguir adelante de todos modos.

Cuando estés listo para recuperar tu poder, probablemente no vendrá de un inspirado lugar de resolución sólida.

Surgirá de la desesperación pura, un último grito de guerra. Surgirá de tu último esfuerzo por salvar tu propia vida.

Sabrás que ha llegado el momento de recuperar tu poder cuando no haya otra opción viable, porque tras la pérdida, descubriste que desenredaste tu propia existencia para que nada te fuera arrebatado de nuevo.

No puedes perder tu poder.

No es algo separado de ti.

Nunca se pierde, solo se entierra bajo el deseo de mantener tu verdadero yo a salvo.

¿Y esa parte de ti, la que realmente quiere protegerte? Tal vez eso es tu poder hablando de una manera diferente. Tal vez no sea una señal de que te has abandonado a ti mismo, sino de que te amas lo suficiente como para salvaguardar cualquier pequeña parte de tu corazón que permanezca intacta.

Tal vez el camino a seguir sea encontrar la gratitud por el hecho de querer protegerte en primer lugar. Tal vez reconocer tu poder es ver cómo adquiere una forma totalmente nueva, una que honramos por su presencia, y que luego liberamos para que algo más útil ocupe su lugar.

El camino a seguir es entender que a veces somos daños colaterales en las guerras internas de la gente, y que no necesitamos adoptar sus armas como propias para contraatacar.

El camino hacia adelante es darse cuenta de que nuestro santuario está dentro de nosotros mismos, y nuestro poder es impenetrable. Está ahí, descansando y esperando, hasta que estemos preparados para actuar de nuevo.

Cuando llega ese día, el día en que estamos preparados para empezar de nuevo, casi siempre descubrimos que hacerlo es menos una hazaña de fuerza de voluntad, y más la voluntad de dejar que nuestra alma vuelva a entrar en nuestros días.

A menudo empieza por permitirte disfrutar de algo pequeño, porque te lo mereces. Crece cuando te permites cuidar de ti mismo, porque también te lo mereces. Se hincha cuando te permites reconocer lo lejos que has llegado, y, por cada parte de ti que no soportas, hay otras mil que son mucho más bellas, mucho más dignas, mucho más admiradas y cuidadas.

Tú también te lo mereces.

Tu poder es no poder ejercer tu voluntad sobre todos los que te rodean.

También es no diluir tu vida sino hasta que seas la versión más aceptable posible de ti mismo.

Es tener el valor de sentir el dolor, y luego sanar.

Es estar dispuesto a volver a intentarlo.

No se trata de que nunca pueda ocurrir nada malo, sino de que no rechacemos toda la bondad que sigue existiendo, incluso si eso ocurre.

13 COSAS QUE DEBES DEJAR DE HACER SI REALMENTE QUIERES QUE TU VIDA AVANCE

Si estás preparado para hacer avanzar tu vida, empieza por quedarte quieto.

A menudo, sentirse estancado no tiene que ver con no tener suficiente impulso o fuerza de voluntad, sino con no estar alineado con tus necesidades, deseos y estrategias.

No es que no te esfuerces lo suficiente, sino que estás *demasiado apegado a elementos que no te convienen.*

Si quieres estar en un lugar completamente diferente dentro de un año, vas a tener que ser honesto contigo mismo. Vas a tener que dejar de usar el ajetreo como distracción, vas a tener que sustituir la cantidad por la calidad, vas a tener que hacer un examen de conciencia y vas a tener que aprender a priorizar lo que tu futuro yo te agradecerá.

Aquí están los 13 cambios más potentes que puedes hacer para recuperar tu vida.

01 | Deja de esperar las circunstancias perfectas

Sé que parece que tu vida está en una pausa indefinida.

Si esperas a que se den las circunstancias perfectas para dar el salto, empezar el negocio, aumentar lo que ya tienes, hacer un cambio de vida, mudarte, corregir el rumbo, hacer un viaje interior, viajar, empezar a invertir, encontrar la paz, estar agradecido, disfrutar de lo que tienes o empezar tu nueva aventura, estarás esperando eternamente.

Las circunstancias perfectas *no* existen.

Es cierto que hay casos en los que algunos momentos pueden ser más ventajosos que otros, y el momento en sí es importante, pero también está fuera de tu control.

No puedes existir en un estado permanente de espera, de que algo fuera de ti cambie antes de sentir que tienes luz verde para cambiar algo dentro.

Tienes que empezar ahora. Tienes que adaptarte aquí.
Tienes que hacer lo que puedas con lo que tienes.

Aunque algunas circunstancias sean menos ideales que otras, si buscas inconscientemente una razón para ir a lo seguro, siempre encontrarás una. Nunca ocurrirá que te levantes un día y te sientas completamente preparado, sin miedo, del todo seguro.

Se llega ahí comenzando, y luego continuando, a pesar de todas las razones por las que no deberías, o por las que pensaste que no podrías, o por las que previamente no habrías querido.

Tienes que dejar de esperar las circunstancias perfectas.

Tienes que crearlas.

02 | Deja de confundir tu máximo rendimiento con tu máximo potencial

Tu máximo potencial no consiste en hacer el mayor trabajo humanamente posible cada día. No se trata de intentar aprovechar cada momento de cada hora, pensando que puedes hacer un diario y una rutina matutina en un estado robótico de funcionamiento perfecto.

Eres un ser humano.

Tu máximo potencial es crear una vida que sea pacífica y significativa para ti. Es hacer menos, pero mejor.

«Aprovechar al máximo cada momento» no significa tratar de forzarte a rendir más de la cuenta y corregir más de la cuenta hasta que seas una versión deslavada de la persona que podrías haber sido.

Alcanzar tu máximo potencial significa crear una rutina diaria que te haga sentir más como tú mismo, en la que tus actividades, compromisos y decisiones reflejen tus valores, y lo que tu yo futuro te agradecería que hicieras.

03 | Deja de gastar tus horas pico en cosas que no te interesan

Todos tenemos que pagar las cuentas y cocinar la cena y limpiar las repisas.

Siempre habrá tareas menos deseables que son esenciales para la función de ser humano y para mantenerse vivo.

La cuestión no es que llegues a un punto en el que puedas evitar esas tareas por completo, sino que llegues a uno en el que ya no ocupen tus horas punta.

Tus horas punta son el momento del día en el que estás más despejado, con más energía, más capaz de resolver problemas, de inspirarte y crear. Para la mayoría de las personas, abarcan de las primeras horas a la mitad de la mañana.

No desperdicies tu energía más potente en cosas que te agotan. Utilízala para construir lo que más importa para tu futuro.

En lugar de despertarte para consultar las redes sociales y las noticias o apresurarte en tu casa para prepararte y empezar a trabajar a tiempo, intenta modificar tu rutina para despertarte antes y poder disfrutar de tu café, encontrar tiempo para meditar o escribir un diario, trabajar en la escritura, en la creación de un negocio o incluso pasar tiempo con alguien a quien amas.

La forma en que utilizas tu energía cada día siembra las semillas de la cosecha que recogerás en el futuro.

Gástalas con prudencia.

04 | Deja de ver tu vida solo a través de los ojos de los demás

Estamos programados para sentir que ser aceptables para los demás es una forma de supervivencia y seguridad. Tratar de «no preocuparse por lo que piensen los demás» es imposible. No significa que no seas lo suficientemente fuerte a nivel mental, simplemente no es como ninguno de nosotros fue diseñado para pensar.

Así que, en lugar de intentar convencerte de que no te importa la opinión de los demás (porque, sinceramente, *debería* importarte lo que piensen *algunos*), intenta abstenerte de ver tu vida solo a través de los ojos de los demás.

La mayoría de las personas no ven o interpretan la vida por sí mismas, sino que lo hacen basándose en la forma en que imaginan que otras personas la percibirían, es decir, un pequeño puñado de personas cuya aceptación o aprobación les parece más vital garantizar.

En lugar de intentar proyectar e imaginar sus opiniones, aprende a considerarlas, y luego también a considerar las tuyas.

¿Qué te parece esto?

Si no hubiera nadie más alrededor, o si nunca más supiera nada de tu vida, ¿cómo vivirías *tú*?

Se trata de existir de una manera que esté en auténtica alineación con lo que eres, no lo que está en alineación forzada con lo que es otra persona.

05 | Deja de creer que el momento lo es todo

El tiempo es algo a lo que te entregas, no algo que permites que te controle.

Si no empiezas ahora, te arriesgas a pasar la mayor parte de los próximos años en un estado de limbo. Nunca es el «momento adecuado» para hacer algo grande, importante y que asusta. Siempre tendremos razones para retrasarlo. Siempre nos sentiremos incómodos ante lo desconocido. Siempre tendremos argumentos en contra y planes alternativos.

Al final tienes que decidir qué es lo que te importa, y luego tienes que comprometerte a mantener el rumbo, independientemente de cómo cambien las mareas.

No hay un tiempo perfecto, solo hay tiempo, y lo que hacemos con la cantidad de tiempo que se nos da.

En lugar de esperar a que surja el momento perfecto, considera que el tiempo que tienes cada día es como tener una cantidad de dinero en una cuenta bancaria que caduca al final de cada día.

Lo que no se usa, se pierde.

06 | Deja de cambiar de rumbo tan a menudo

No puedes seguir cambiando tus planes, tu estrategia o tus objetivos y esperar llegar a algún sitio significativo.

No vas a sentir ningún tipo de cambio radical por comprometerte con una nueva práctica durante solo unos días.

No vas a ver ningún resultado real si no te ciñes a una estrategia empresarial durante al menos uno o dos años, como mínimo.

A veces cambiamos el rumbo para retomar el camino. Más a menudo corregimos nuestro enfoque porque tenemos miedo de empezar de verdad.

Sé sincero contigo mismo sobre en qué categoría te encuentras.

¿Realmente necesitas seguir haciendo tantos cambios, o te estás resistiendo al trabajo que realmente hay que hacer, que es asentarte en lo que tienes, enraizarte en lo que eres, aceptar a la persona que siempre has sido, y simplemente permitirte florecer?

07 | Deja de pensar que eres tan fuera de lo común

Todo el mundo es especial en el sentido de que cada uno tiene un conjunto único de dones y talentos, perspectivas y formas de expresar un amor y una presencia que nunca podrá ser recreada por otro ser humano en el planeta.

Pero todos seguimos siendo humanos.

Cuando se te mete en la cabeza que estás solo en esto, que eres la única persona en el mundo que ha logrado vivir en matrimonio, ha criado a un niño desafiante, ha iniciado un nuevo negocio, ha gestionado unas finanzas inciertas o ha vivido una crisis mundial, no te estás ayudando a ti mismo.

Pensar que te sales de lo común te frena, porque te hace creer que lo que haces es impopular y, por tanto, no es seguro o es equivocado.

Claro, tus elecciones o circunstancias pueden ser muy diferentes de la «norma», pero ¿qué es realmente la «norma», aparte de la mezcla de entorno, grupo de iguales, familia, religión, gobierno y medios de comunicación a los que has estado expuesto a lo largo de tu vida?

Sea lo que sea que estés haciendo, probablemente hay millones de personas que también lo han intentado, lo han hecho o lo están haciendo.

Eres especial, *pero no estás solo.*

08 | Deja de pensar a corto plazo

La gratificación instantánea es atractiva, pero no es útil.

Hay que pensar a largo plazo.

No solo cómo pasar el día de mañana, sino cuál sería el siguiente paso en tu profesión para llegar a donde te gustaría estar cuando te jubiles. No se trata de qué acciones podrías descubrir para enriquecerte mágicamente y llenarte de oro, sino de cómo inviertes en una cartera diversificada y dejas que crezca con el tiempo, aunque empieces con poco.

No se trata solo de lo que se siente bien ahora, sino también de lo que te agradecerás más adelante.

Aunque siempre hay tiempo para darse un capricho y disfrutar de la vida, hay que equilibrarlo con principios, valores y visión de futuro.

De lo contrario, seguirás pisando el agua y preguntándote por qué no te acercas a la orilla.

Esto no infunde confianza de la forma en que crees que podría hacerlo.

Más a menudo, te hace sentir desesperado y derrotado, porque cuando surgen los desafíos, crees que conoces la única solución, la única respuesta y el único resultado viables para tu vida.

Deja que la vida te sorprenda.

Deja que los expertos te ayuden.

Deja que personas más sabias que tú te muestren el camino a seguir.

En lugar de pensar que sabes cuál es el único camino a seguir, considera que quizás no sabes exactamente lo que necesitas en una pareja o socio, y ten apertura para diferentes tipos de personas. Considera la idea de que no sabes exactamente qué trabajo es el adecuado para ti, y estate dispuesto a experimentar. Permítete albergar la idea de que hay cosas increíbles a tu alcance de las que no te das cuenta, porque nunca te han enseñado.

No tienes todas las respuestas, aunque tengas muchas.

Nadie las tiene.

La vida es un despliegue.

Deja entrar cosas que antes no elegías.

Serás mejor por ello.

10 | Deja de subestimar el poder del trabajo interior

La verdad sobre el movimiento hacia adelante es que se trata más de la quietud presente que de cualquier otra cosa.

¿Puedes sentarte contigo mismo?

¿Puedes estar presente?

¿Puedes permitirte metabolizar los sentimientos que van surgiendo?

¿Puedes hacerte las preguntas difíciles para obtener las respuestas importantes?

¿Estás dispuesto a cambiar de opinión?

¿Estás dispuesto a cambiar tu vida?

Aunque hay muchas partes de la vida que están fuera de tu control, las partes que están dentro de él suelen ser un reflejo de ti.

Cuando te comprometes a trabajar en ti mismo, ese esfuerzo se irradia y afecta a todo y a todos los que te rodean. Así que comprométete a crecer. Comprométete a ser mejor. Decide que estás listo para expandir tu corazón más allá de sus perímetros actuales.

Hay mucho más esperándote, pero primero tienes que estar abierto a ello.

11 | Deja de restar importancia a tus sueños

Si la fortuna favorece a los valientes, también prefiere a los audaces.

No solo necesitas una visión sólida de lo que quieres crear en tu vida, sino que también tienes que ser ambicioso. Tienes que pensar más allá de los límites de tu perspectiva actual. Tienes que ser atrevido.

Esto no solo se debe a que apuntar más alto inevitablemente eleva tus expectativas en general, sino también a que la audacia *a menudo te dice de qué eres realmente capaz, aunque todavía no lo creas.*

Si estás dispuesto a creer que algo *puede* ser posible para ti, ya lo es.

El hecho de que estés dispuesto a considerarlo significa que ya está dentro de tu ámbito de posibilidades. Solo es cuestión de darse cuenta primero, y luego actuar en consecuencia.

12 | Deja de evitar tu malestar

El malestar indica que hay que hacer un cambio.

El malestar, al igual que la ira, el dolor y los celos, es una emoción humana sana que nos comunica algo. Lo insano no es el sentimiento en sí, sino que no sepamos qué hacer con él cuando surge.

La ira es la respuesta sana a la injusticia o a la transgresión de un límite. El dolor es la respuesta sana a la pérdida.

Los celos son la respuesta sana al ver que otra persona persigue aquello a lo que tú te resistes. Del mismo modo, la incomodidad es la respuesta saludable al saber que ha llegado el momento de hacer un cambio. El malestar no trata de castigarte, sino de ayudarte.

Sin embargo, la mayoría de las personas no pueden simplemente sentarse con la emoción el tiempo suficiente para dejar que les diga lo que se les tiene que decir, y mucho menos dar el siguiente paso, que suele ser soportar temporalmente *más* molestias antes de encontrar una solución.

El malestar es una experiencia que la mayoría de la gente no está dispuesta a afrontar o sentir.

Por eso sus vidas siguen como están.

13 | Deja de pensar que el peor resultado posible es que tomes una decisión equivocada

La razón por la que tantas personas se resisten a hacer un cambio, a pesar de quererlo y necesitarlo, es que creen que podrían «dar un paso en falso» en la vida. La idea es que lo que tienen es bueno o suficientemente bueno, y al dar un salto, existe la posibilidad de que se desvíen completamente del camino, y arruinen algo que estaba bien mientras intentan buscar algo mejor.

Esta es una lógica defectuosa.

Hay muy pocas elecciones en la vida que no podamos enmendar o al menos ajustar sobre la marcha. El mundo no nos castiga por elegir una cosa en lugar de otra, nos castigamos a nosotros mismos por miedo y por querer conformarnos con el camino más sencillo y poco desafiante.

Sé que parece que el peor resultado posible es la idea de que te equivoques en tu elección, pero el peor resultado posible es que nunca vivas tu vida, que nunca experimentes la profundidad y la belleza de la existencia, que nunca persigas tus sueños, que nunca te sientas realizado, que nunca encuentres el significado… todo porque tenías demasiado miedo de equivocarte.

Un paso en falso no es lo peor que puede pasar.

Negarse a avanzar sí lo es.

DENTRO DE LAS EMOCIONES QUE TEMES SENTIR EXISTE LA SABIDURÍA QUE TU ALMA ESPERA RECIBIR

En la superficie, nuestras emociones siempre parecen obligarnos a reaccionar.

Asumimos que en cuanto sentimos algo profundamente, debemos responder a ello de inmediato, y que cuanto más profundo es, más real es. Es como si siguiéramos operando desde nuestros instintos básicos, como si un miedo abstracto a no ser suficiente se tradujera en la inminente supervivencia de nuestro propio ser.

Este impulso puede llevarnos a menudo a resistirnos a esas emociones, temiendo no que duren para siempre, sino que, si nos permitimos tener la experiencia de sentirlas por completo, nos lleven a tomar decisiones con las que tengamos que vivir para siempre.

En cierto modo, esto es una forma de sabiduría. Al menos en cierto nivel, estamos reconociendo que nuestros sentimientos deben ser evaluados antes de responder a ellos, no sea que tomemos una decisión que luego nos disguste.

Pero ¿y si ésta es también la razón por la que nos sentimos tan estancados?

¿Y si dentro de las mismas emociones a las que te resistes existe algún código de sabiduría que tu mente subconsciente necesita para ordenar tu realidad y hacer tu próximo movimiento? ¿Y si al intentar escribir una historia sobre lo que significa el sentimiento y lo que deberías hacer al respecto estás evitando sentirlo en primer lugar? ¿Y si solo por medio del procesamiento más completo de esas emociones tu cuerpo será capaz de absorber la información crítica necesaria a nivel subconsciente para dar mejor información a tu experiencia?

¿Qué pasaría si, en lugar de pensar demasiado, en lugar de analizar demasiado, en lugar de tratar de averiguar lo que tienes que hacer a continuación, te sientas y te permites sentir lo que sientes en el momento en que quieres sentirlo? ¿Y si decides que, solo por un momento, no reaccionarás ni tomarás decisiones mientras estés en ese estado, sino que simplemente estarás ahí?

¿Y si pudieras aceptar que vivir una vida con propósito, con sentido o alineada no significa que puedas evitar estas sensaciones por completo, porque no son castigos, sino guías? ¿Y si, en cambio, aprendieras a confiar en la sabiduría que posee tu cuerpo y le permitieras recibir una retroalimentación genuina para que pueda hacer los cambios necesarios para devolverte a tu propio camino?

¿Y si la razón por la que sigues dando vueltas es porque estás actuando antes de que la emoción esté completamente procesada, y por eso te estás perdiendo una parte de la información que necesitas?

¿Y si no hay nada malo en ti, sino más bien, algo que necesita ser ajustado dentro de tu vida, algo que no te has permitido sentir, y mucho menos abordar?

¿Y si antes de obtener claridad, simplemente necesitas descanso?

¿Y si tu vida se atasca y se estanca cuando dejas de permitirte sentir, y así tu sistema de navegación emocional se pone en pausa? ¿Y si los intentos de tu mente por interrumpir la plena liberación de esas emociones es en realidad lo que las mantiene estancadas? ¿Y si no necesitas exigir respuestas ahora mismo, sino que te permitas procesar la mayor parte de tus experiencias hasta que te sientas restablecido de nuevo?

¿Qué pasaría si te permitieras un espacio seguro para procesar emocionalmente, y luego te permitieras levantarte a la mañana siguiente en calma, y confiar en que sabrás qué hacer?

¿Qué pasaría si en lugar de tratar de poner todo esto en una línea de tiempo, y con un objetivo final decidido, y con una lista de preguntas que necesitan ser respondidas, lo entregaras todo a la mayor sabiduría que puedas reunir dentro de ti, una sabiduría que solo puede ser obtenida al permitir que tu alma sea testigo de lo que no quieres sentir?

La próxima vez que te des cuenta de que tu corazón aún está al rojo vivo por la ira y el dolor, espero que simplemente te permitas sentir eso sin presionarte para estar más en paz.

La próxima vez que pienses «debería estar bien», espero que no te avergüences de ti hasta silenciar el propio instinto que hay en ti y que te grita: ¡Estás hecho para algo más!

Cuando digo que estás destinado a más, quiero decir que estás destinado a tener relaciones que te llenen y te den energía. Quiero decir que estás destinado a ser apreciado y visto. Quiero decir que estás destinado a conocerte a ti mismo en tu centro. Quiero decir que estás destinado a experimentar algo en esta vida, y solo tú sabrás qué es. Ya sea difícil o fácil, simple o complejo, que ocurra mañana o dentro de diez años, lo sabrás cuando llegue, porque te dejará en un estado de asombro y gracia.

Una vida de mucho más no es la que se expande siempre hacia afuera, sino que muy a menudo se abre hacia adentro.

Espero que consideres que tal vez eso sea posible para ti.

Espero que poco a poco aprendas que puedes vivir sin un problema que resolver o una montaña que escalar. Espero que te des cuenta de que tu existencia no será siempre un pozo constante de anhelos, porque una vez saciada nuestra sed, no queremos más.

Espero que poco a poco aprendas a invertir tu energía no en resistirte a lo que sientes, sino en construir lo que será a partir de la sabiduría que te han dado tus experiencias. Espero que te des cuenta de que tu primera opción no tiene por qué ser la última, ningún número de pasos equivocados hará que tu camino desaparezca por completo. Espero que te des cuenta de que el mundo es flexible, y tu vida es cambiante. No has llegado hasta aquí para apretar los dientes al atravesar las experiencias que otras personas han elegido para ti, sino para acabar decidiendo las tuyas propias.

Espero que sepas que puedes vivir dentro de las preguntas.

Puedes sentir lo que sientes sin dejar que te obligue a quemarlo todo.

Puedes ser testigo, simplemente observar.

Puedes permitir que tu cuerpo absorba conocimientos a un nivel mucho más profundo del que tú mismo podrías alcanzar.

Y cuando las instrucciones que ofrece la sabiduría afloren en tu mente, espero que estés preparado para caminar.

Tu vida te espera al otro lado.

10 SEÑALES DE QUE ESTÁS PROGRESANDO EN LA VIDA, AUNQUE NO LO SIENTAS ASÍ

Incluso aquí, incluso ahora, estás creciendo.

Sé que parece que la única forma de medir tu progreso es por el tiempo, los hitos y los objetivos alcanzados, pero en realidad, el progreso tiene que ver más con cómo nos alineamos con lo que necesitamos y queremos, y menos con la perfección con la que pintamos la imagen exterior de lo que creemos que debemos ser.

Por eso, a menudo son los momentos más contrarios a la intuición los que nos brindan más oportunidades de crecimiento.

He aquí algunas señales de que en realidad estás haciendo un progreso increíble en la vida, aunque no lo parezca.

01 | Has perdido relaciones

Tal vez mires hacia atrás y te sientas triste por todas las personas con las que has perdido el contacto.

Tal vez reflexiones sobre todas tus posibles relaciones y sobre si te has esforzado lo suficiente. Tal vez pienses en todos los amigos y conocidos que se han cruzado en tu camino y te arrepientas de no haber permanecido más cerca. Tal vez mires hacia atrás, veas todo el apoyo que tenías y te preguntes por qué elegiste seguir tu propio camino.

> *La pérdida de relaciones es a menudo una señal de que estamos creciendo como las personas que se supone que debemos ser.*

No estamos destinados a tener exactamente el mismo círculo de amigos y conocidos durante toda nuestra vida. A menos que esas personas crezcan en perfecta congruencia con nosotros, a menudo nos desviamos de su ritmo a medida que siguen sus propios caminos en la vida. Esto no es necesariamente malo. No es un signo de fracaso.

De hecho, la voluntad de dejar de lado la comodidad social para perseguir lo que se siente más auténtico para ti es un signo de crecimiento descomunal e increíble.

No perdemos las relaciones porque no las merezcamos, las perdemos porque no encajamos con ellas. Eso suele ser un buen indicador de que hemos crecido, de que hemos cambiado y de que necesitamos volver a alinearnos con personas que entienden en qué nos estamos convirtiendo, no solo quiénes hemos sido.

02 | Estás dudando de tu próximo paso

Si no dudas de tu próximo paso, no es el paso correcto.

Sé que parece un error, como si lo más correcto fuera absolver cualquier duda, cualquier miedo o cualquier preocupación de tu mente. Cuanto más correcto sea, más vas a tener una reacción inconsciente, emocional y a menudo encarnada.

Tienes miedo porque te importa. Dudas porque esto significa algo para ti. Estás nervioso porque no te resulta familiar.

Por fin estás eligiendo algo que realmente deseas, te enfrentas a las creencias limitantes que te han frenado todo este tiempo, y realmente estás poniendo algo en juego por primera vez.

Ya no te conformas con seguir el guion de éxito de otra persona. Ya no estás flotando pasivamente en tu existencia. Estás tomando una decisión, y eso viene con incomodidad, responsabilidad y a menudo con miedo.

Demasiadas personas no quieren dar el salto porque tienen miedo de esa sacudida inicial, pero también sucede que nunca aprenden a desplegar las alas y no llegan a ningún otro sitio.

03 | Te sientes ligeramente avergonzado de tu pasado

Si piensas en quién eras hace tan solo un año, es posible que te sientas incómodo.

Aunque es una experiencia increíblemente válida —y muy común— debes saber que no es una señal de que antes fueras una persona horrible, sino que estás tomando mayor conciencia de lo que quieres y no quieres ser.

Por favor, debes saber que nadie te está juzgando, ni te ha juzgado nunca, tanto como tú te estás juzgando a ti mismo en este momento.

Además, esto es una parte natural del proceso de desintegración positiva. Tu antiguo yo ya no es apto para manejar la vida que tienes hoy, y por eso debe transformarse en quien te estás convirtiendo ahora.

04 | Estás disminuyendo la velocidad

En lugar de una aceleración rápida e intensa, te interesa una toma de decisiones consciente e intencionada.

> *Cuando empezamos a ir más despacio es porque ya no huimos de lo que está mal, sino que aprendemos a dar un paso hacia lo que está bien.*

Tal vez te hayas dado cuenta de que necesitas un descanso.

Tal vez viste claramente que tu carga de trabajo era insostenible.

Tal vez, por fin, te has dado cuenta de que has estado sobrecargado y agotado, y algo tenía que ceder en algún momento.

En lugar de tratar de pasar por encima de todas las señales de tu cuerpo que te indican que estás haciendo demasiado, el crecimiento se produce cuando bajamos el ritmo y empezamos a escuchar lo que han estado tratando de decir todo el tiempo.

En esta quietud y descanso, a menudo encontramos respuestas que no sabíamos que estábamos pidiendo.

05 | Empiezas a preocuparte más por lo que sientes que por lo que piensan los demás

Ya no te conformas con vivir una vida diseñada para apaciguar a todos menos a ti mismo.

A veces, esto puede surgir como una especie de ira o agresión. Te sientes completamente harto de los juicios y los defectos de todo el mundo y puede que sientas que quieres arremeter o cortar los lazos con esas personas para poder liberarte un poco de la presión.

Hay que poner límites y, ante todo, eso empieza contigo.

Tienes que empezar por tomar decisiones para *tu vida*, no para la de tus padres, ni para la de tus amigos, ni para la de tu pareja, ni para la de tus compañeros.

Cuando empieces a dar un paso adelante con toda tu verdad, dale a la gente la oportunidad de responderte en lugar de suponer cómo reaccionarán.

A partir de ahí, puedes tomar una decisión sobre tu relación.

Si, por el contrario, recuerdas casos en los que no pusiste los límites que debías y te arrepientes de tu falta de autoestima, escríbelo todo. Guárdalo en un cajón y vuelve a él mañana. ¿Hay algo que valga la pena compartir con las personas implicadas? ¿Te aportaría paz acercarte a ellos y hacerles saber cómo te sientes, o solo te traería más estrés?

Esa es una decisión que puedes tomar por ti mismo, pero antes, debes saber que es una gran señal de crecimiento que estés lo suficientemente enfadado como para dejar de vivir según un conjunto de reglas invisibles establecidas por personas que no tienen que caminar en tus zapatos.

06 | Estás procesando sentimientos que habías olvidado

Las emociones desplazadas son sentimientos que, o bien no tienen una raíz disponible, o bien parecen una reacción exagerada dada la situación.

A menudo, estos sentimientos están relacionados con algo totalmente diferente, y han sido desencadenados por tus circunstancias actuales.

De la misma manera que cada día el cuerpo se desprende de las células de la piel y del exceso de residuos, esta es otra forma en la que el cuerpo vuelve a aprovechar los recuerdos y las respuestas emocionales de los tejidos y las células.

Esto será probablemente más pronunciado si tienes un historial de suprimir lo que sientes.

En cualquier caso, date un poco de gracia, y algo de crédito.

Estás haciendo un buen trabajo clasificando cosas muy pesadas.

07 | Eres consciente de lo que está mal, aunque no sepas qué es lo que estaría bien

Sé que parece que tu vida debería desarrollarse desde un lugar de revelación; que un día te despertarás y tendrás claridad sobre lo que quieres exactamente, cuándo y dónde.

Casi nunca funciona así.

El cambio real casi siempre está catalizado no por un sentimiento de inspiración, sino por un sentimiento de descontento.

Antes de saber lo que está bien, sabrás lo que está mal.

Esta es la parte más aterradora, porque sin las respuestas, parece que las preguntas son interminables. Parece que estás estancado. Parece que no hay salida.

La hay, solo que aún no se te ha ocurrido.

Esto tiene sentido porque tampoco has llegado a aceptar del todo lo que realmente no funciona en tu vida.

Cuando se tiene el valor de hacer una cosa, a menudo se encuentra la otra.

08 | Estás experimentando una alineación serendípica

Incluso si todavía te sientes completamente estancado donde estás ahora, estás empezando a conectar los puntos.

Tal vez haya surgido una oportunidad que no pensabas que se presentaría. Tal vez conozcas a la persona adecuada en el momento oportuno; tal vez veas o escuches algo que no puedas evitar atribuir a una «señal». Tal vez algo se presenta misteriosamente bien, incluso a pesar de todas tus dudas de que no lo haría.

No todo tiene que estar terminado ahora mismo.

El hecho de que algunas piezas se unan es suficiente.

Lo que está destinado a ti vendrá a ti y se quedará contigo todo el tiempo que sea necesario.

En este proceso, empiezas a aprender que parte de la construcción de una vida que realmente quieres no consiste solo en controlar los inicios y los resultados, sino también en rendirse a posibilidades tan buenas que quizá no hayas pensado en pedirlas.

A menudo hay un plan más grande que el tuyo, pero no es sino hasta que nos rendimos que entendemos con claridad la redirección.

09 | Te preocupa más ser feliz que tener éxito

Mientras que antes te interesaba sobre todo ganar más, o llegar a ser más, o conseguir un título que sonara mejor, ahora te das cuenta de que intentas construir tus días en torno a sentirte mejor y disfrutar todo lo que puedas.

Esto es un tremendo signo de progreso, aunque a primera vista pueda parecer que estás haciendo menos y siendo menos ambicioso.

Te estás volviendo ambicioso en los aspectos que realmente importan: tu corazón, tu alma y tu espíritu.

¿Y si tu objetivo fuera disfrutar al máximo de cada día?

¿Encontrar una joya de gratitud?

¿Pasar tiempo sin interrupciones con tus seres queridos?

¿Disfrutar del aire fresco?

¿Dormir bien?

¿Qué necesitarías para sentirte genuinamente vivo cada día?

Esta es la pregunta que uno empieza a hacerse cuando realmente está haciendo un progreso sin precedentes.

10 | Empiezas a entender que no hay una «línea de meta»

Si eres como la mayoría de la gente, probablemente has vivido la mayor parte de tu vida esperando «lo siguiente» para poder ser finalmente feliz y libre.

Crecer significa que descubriste que no hay línea de meta.

No hay ningún punto en el que te quedes sin hacer nada. Es un maratón, no un *sprint*.

En lugar de llegar lo más rápido posible, ahora te interesa lo que sería más sostenible y significativo a largo plazo.

Nunca vas a sentir que lo has «conseguido», ¿y sabes qué? No quieres hacerlo. No quieres que el listón acabe ahí. No quieres llegar a la cima tan pronto.

No hay un punto después del cual todas tus preocupaciones se disolverán y tu vida se volverá mágicamente una vida sin esfuerzo y serás feliz para siempre.

Solo existe el ahora siempre presente, cómo nos presentamos ante él, y cómo respondemos a él.

Eso es todo lo que podemos conseguir.

Es todo a lo que podemos aspirar.

CÓMO RECORDAR QUE NO ESTÁS SOLO, AUNQUE SIENTAS QUE LO ESTÁS REALMENTE

Cuando sientes que estás solo, no es el aislamiento lo que temes.

Sabes cómo extender los brazos sobre las sábanas frescas por la noche. Sabes cómo conducir con los vidrios abajo, dejando que la cadencia de tus canciones favoritas te atraviesen. Conoces la tranquila paz de sumergirte lentamente en un baño caliente. Sabes el extraño encanto de pasear solo, mirando hacia arriba e imaginando las historias de la ciudad.

Sabes que solo en la soledad extraemos las verdades más importantes de nuestra vida. Sin las expectativas de los demás a nuestro alrededor, llegamos a ver quiénes somos en esencia.

Sabes lo que es estar solo.

No es el aislamiento lo que te da esa sensación de la punzada y el sentimiento de pánico.

Es la soledad, que suena igual, pero que es realmente diferente.

La soledad es lo que ocurre cuando te convences de que ya no mereces la conexión. La soledad es lo que sucede cuando crees erróneamente que el amor es algo que obtienes cuando eres lo suficientemente bueno, algo que recibes cuando juegas con las reglas específicas e implacables de quienes más te interesa recibirlo.

¿Pero ese tipo de conexión?

No es una conexión.

Es el hambre.

Es la vanidad.

Es el apego.

La conexión es el estado de flujo libre de compartir la presencia con el otro, y más personas querrán conectarse contigo de lo que probablemente supongas. La conexión es reconocer que incluso cuando la vida te da una temporada de aislamiento, nunca estás completamente desconectado.

Eres parte de cada persona que has amado.

Eres parte de cada lugar en el que has estado.

Le importas a la gente, aunque a quienes les importas ya no estén presentes en tu día a día.

Casi siempre hay al menos una persona que se preocupa lo suficiente como para estar a tu lado, incluso en tus peores momentos.

Todos suponemos que, como vivimos en una sociedad tan hiperconectada, deberíamos estar menos solos que nunca. No solo podemos mantener el contacto con todas las personas que hemos conocido, sino que podemos también ser testigos de cada detalle de sus vidas que se desarrolla ante nosotros. Ningún ser humano anterior a esto había experimentado la sociedad de tal manera.

Ese es exactamente el problema.

Lo que ganamos en «conexión», lo perdemos en contexto.

La gente solía alejarse de los antiguos pueblos, grupos y amigos, y se ponía al día de vez en cuando, pero generalmente reservaba los detalles íntimos de su vida para aquellos que concordaban con ellos.

Esto es saludable porque nos da espacio para encontrar nuevas identidades en lugar de estar estancados tratando de apaciguar todas las diferentes identidades que construimos, que se han juntado todas a la vez, para saber cómo somos hoy.

Nos sentimos más solos cuando somos extraños para nosotros mismos, y en un mundo en el que todos observan, somos más trozos de lo que querrían que fuéramos que el conjunto de lo que queremos llegar a ser.

No sabemos dónde encajamos porque nuestra idea de nosotros mismos está ligada a las expectativas. Tenemos diferentes caras para diferentes personas y, en algún lugar de la constante presión para ser algo distinto, perdemos algo.

Nuestro verdadero yo.

Nuestro yo real.

Los yoes que saben que estamos permanente y fundamentalmente conectados.

Los yoes que saben que no necesitamos 100 amigos para sentirnos realizados.

Ni siquiera necesitamos 10.

La vida no es un concurso de popularidad.

No se trata de quién es mejor en qué y cuánto.

Se trata de esa conexión real, que es la voluntad de mostrarnos exactamente cómo somos y de darnos cuenta de que nos encuentran exactamente donde estamos.

Sin ajustes.

Sin cambios.

Sin escondites.

Cuando tenemos este tipo de conexión auténtica, acabamos descubriendo un sentido de unidad que nunca podríamos reconstruir mirando viñetas de la vida de alguien. Empezamos a entender que esas dudas que se arrastran, esos miedos sutiles, esas curiosidades profundas, son universales. Por muy diferentes que seamos y por mucho que varíen nuestras experiencias, no hay ninguna experiencia humana que se pueda vivir y no haya tenido ya otra persona, al menos en una versión similar.

Llegar a esta conclusión es sencillo, pero duro.

Tenemos que ver realmente a través de la apariencia de lo que creíamos que era la conexión en un esfuerzo por fomentarla en la realidad.

Tenemos que dejar de intentar atraer a todas las personas imaginables en un esfuerzo por volver a casa.

Cuando la vida nos da una temporada para estar solos, tenemos que encontrar el valor para dormir solos y comer solos y bailar en la cocina en ropa interior y acostarnos en la cama por la noche y preguntarnos si vamos a estar bien.

No ganamos la conexión.

En palabras de Mary Oliver, «no tienes que caminar de rodillas a lo largo de cien millas por el desierto arrepintiéndote, solo tienes que dejar que el suave animal de tu cuerpo ame lo que ama».

Intenta encontrar el amor para los momentos que la vida te ha dado para estar solo.

Intenta encontrar el amor mientras recuerdas que ya eres una parte de algo mucho más grande que tú, de donde viniste y adonde volverás.

Intenta encontrar el amor en el hecho de que tal vez se te está dando la oportunidad de conocerte a ti mismo para que puedas presentarle esa persona a alguien más.

Y tal vez esa era la pieza que faltaba todo el tiempo.

7 MANERAS DE CONVERTIRTE EN TU SER EMOCIONAL MÁS RESILIENTE

La resiliencia no es un rasgo inherente, es una práctica.

De hecho, nuestra capacidad para responder y afrontar la vida suele ser un reflejo directo de cuántos retos hemos pasado. Por lo general, las personas que están más en paz son las que también han pasado por lo peor que la vida podía ofrecerles.

No hay coincidencia en esto.

Cuando aprendemos a responder mejor a nuestras circunstancias, especialmente a través de la práctica y la repetición, desarrollamos el carácter necesario para pasar por la vida con más facilidad.

Estas son 7 estrategias que puedes utilizar no solo para responder a tus emociones, sino también para aprender de ellas, crecer y utilizarlas en tu beneficio.

Acércate a lo que sientes.

En lugar de huir de sus emociones, las personas resilientes analizan lo que sienten y por qué.

En lugar de alejarse de lo que sienten (como se haría con la bebida, la supresión o la distracción), las personas emocionalmente resilientes llevan un diario, hablan con un terapeuta o con un amigo de confianza, o expresan su experiencia de alguna otra manera que la valide.

Acéptalo, aunque no te guste.

Aceptar algo no significa que estés bien con ello. No significa que no vayas a cambiarlo. No significa que esté bien. La aceptación solo significa que no vas a seguir negando la realidad.

La aceptación es el primer paso para la sanación, porque hasta que no veamos nuestras circunstancias por lo que son, cambiarlas será imposible. Incluso si tu aceptación se parece a admitir que estás en una crisis y que necesitas ayuda, eso no deja de ser un progreso, porque estás mucho más cerca de recibir esa ayuda que si siguieras negándolo.

Habla con franqueza de tus sentimientos.

Cuando lo que sentimos nos resulta confuso, los hechos sobre lo que ocurre pueden resultar totalmente distorsionados.

Una forma de calmarse al instante y de aclarar lo que está sucediendo es decir los hechos de la situación, o lo que sientes sobre la situación, de la forma más sencilla posible. Esto puede ser así:

— *Estoy del lado receptor de una ruptura brutal, una que no vi venir, y ahora mismo me siento perdido, inestable y avergonzado.*

— *No me gusta mi aspecto y, después de una batalla de toda la vida para aceptarme a mí misma, me siento desesperada por encontrar la paz.*

— *Estoy ansioso por mi situación laboral y, aunque reconozco que es irracional, los sentimientos son fuertes y están perturbando mi calidad de vida.*

Encuentra tu motivo.

Las personas resilientes encuentran el lado bueno de todo.

Otra forma de decirlo es que encuentran su motivo sin importar lo que ocurra. Si son responsables de hacer algo que no les atrae, se imaginan lo que les aporta. Si se les pide que vayan a trabajar, o que hagan ejercicio, o cualquier cosa que no sea inmediatamente satisfactoria, se centran en el beneficio que podrían obtener de ello.

En lugar de pensar que un familiar no te agrada y que por eso temes viajar para visitar a tu familia en las vacaciones, piensa en lo feliz que te sentirás al ver a todos los demás a los que quieres: eso hará que lidiar con un solo individuo valga la pena. En lugar de pensar que no quieres ir a trabajar, piensa en tus objetivos a largo plazo, o incluso en tu sueldo. En lugar de pensar que no quieres hacer ejercicio, piensa en lo bien que te sentirás después de hacerlo, o en lo realizado que te sentirás al final de la semana.

En todo lo que la vida ofrece, siempre hay un beneficio que encontrar. Las personas emocionalmente resilientes lo encuentran.

Aprende a reírte de ti mismo.

El humor es una herramienta increíble para suavizar situaciones que, de otro modo, serían tensas y difíciles.

Si eres capaz de hacer un chiste sobre lo que estás pasando, o de encontrar algo divertido y ridículo dentro de tu propio comportamiento, es probable que te encuentres mucho más capacitado para hacer frente a lo que está pasando. El humor aligera instantáneamente cualquier situación, y cuando no te tomas todo tan en serio, se alivia mucha presión innecesaria.

Resuelve el problema.

La mayoría de las veces, hay algún tipo de acción que podemos llevar a cabo para resolver lo que nos molesta.

De hecho, con frecuencia descubrimos que las cosas que más nos irritan son las que apuntan a un problema en nuestra vida que debemos trabajar para resolver. Si estamos constantemente estresados por las finanzas, entonces la salud financiera tiene que ser algo a lo que damos prioridad y estrategia. Si estamos en constante conflicto con nuestras relaciones, entonces deberíamos enfocarnos en aprender inteligencia emocional y cómo llevarnos mejor con los demás.

Aunque la mayoría de las personas permiten que la vida les suceda, los emocionalmente resilientes reconocen que gran parte de la vida es un reflejo de ellos y, por tanto, pueden controlar sus propios resultados.

Refórmate a ti mismo.

El malestar es un llamado al cambio.

Cuando nos sentimos más incómodos en nuestras vidas, a menudo es porque la vida está exigiendo que empiece a aparecer una versión mejor de nosotros. Aunque parece que el malestar debería ser nuestro enemigo, en realidad es nuestro mayor aliado, un conocimiento profundo y omnipresente de que merecemos más, somos capaces de más y estamos destinados a más.

Lo más impactante que hacen las personas emocionalmente resilientes es adaptarse. Cuando sus viejas costumbres ya no les sirven, se reinventan. Se liberan de los viejos aspectos de sí mismos y construyen otros nuevos. Están en un estado constante de crecimiento.

Aunque no siempre puedes controlar lo que sientes, puedes controlar cómo respondes, y en esa respuesta puedes encontrar tu libertad.

CONFÍA EN QUE TU CORAZÓN CONOCE LA VERDAD, AUNQUE TU MENTE NO LE ENCUENTRE SENTIDO

Si en este mundo no hay nada en lo que puedas confiar, debes saber que tu corazón conoce la verdad. Tu corazón puede sentir lo que es correcto para ti, lo que está en el camino para el que estás destinado. Tu corazón sabrá lo que te ayudará a evolucionar y a expandirte hacia la persona que anhelas ser, y también sabrá lo que se interpone en el camino.

La comunicación del corazón es sutil.

No te informa de esa verdad en la voz de tu cabeza, sino con los silenciosos presentimientos en tu interior. Tu mente no podrá ubicar estos sentimientos ni darles sentido. Tu mente está dedicada al camino que has trazado, a las piezas de una vida que construiste para la persona que aún crees que eres. Tu mente anhela la razón y la certeza, la estructura, la lógica y la claridad, y eso es precisamente lo que causará más resistencia.

El amor no es razonable.
Los llamados no son seguros.
El despertar libera la estructura.
El alma no opera mediante la lógica.

Tu mente ha creado la sensación de seguridad por medio de la creencia de que solo hay un camino que recorrer, solo una forma de experimentar la vida.

Tu corazón sabe algo mucho más grande: sabe que estás destinado a buscar lo que te hace sentirte vivo, sabe que los dones que hay dentro de ti podrían sanar a muchos otros, y sabe exactamente la persona que estás destinada a ser, aunque tú no seas capaz de imaginar nada más en este momento.

Tu corazón va despacio. No actúa de forma impulsiva, irracional o con ira. El corazón te muestra lo que es verdadero por medio de sentimientos que no se desvanecen. El corazón te muestra dónde estás destinado a estar por el lugar al que te lleva. El corazón se siente cómodo dando saltos de fe, porque puede sentir lo que hay al otro lado. El corazón está acostumbrado a creer antes de ver. El corazón es la parte más esencial de lo que eres, y la verdad que vive allí es la que debes seguir.

El viaje más importante de tu vida no es aquel en el que encuentras la fuerza de voluntad para seguir adelante con una vida que en realidad no quieres, sino más bien, aquél en el que te atreves a lo grande, en el que pones todo en juego, das un paso en el horizonte, saltas y confías en que el camino irá a tu encuentro.

Tal vez crees que ha sido tu mente racional la que te ha llevado hasta donde estás hoy, pero en realidad han sido miles de incógnitas que han cobrado vida, pequeños sentimientos que seguiste a pesar de todo lo que te decía que no lo hicieras, pequeños impulsos que te llamaban a un mundo completamente diferente, uno que aún no podías ver, pero que de un modo inevitable sabías que sería verdadero.

Puede que te haya tomado algún tiempo verlo con claridad, pero tu corazón lo ha sabido desde siempre. La pregunta no es si lo seguirás o no, sino cuánto tiempo esperarás para comenzar la vida que sabes que debe ser tuya.

CÓMO SUPERAR A ALGUIEN: LA GUÍA DEFINITIVA PARA LIBERARTE DE APEGOS, REINVENTARTE Y ABRIR TU VIDA A UN NUEVO AMOR

Cuando se nos rompe el corazón es difícil, pero no es algo eterno, y cuando eres joven lo experimentas con gran intensidad, aunque, por supuesto, puede sacudirnos con la misma fuerza en cualquier etapa de la vida.

Cuando estás en la fase de las citas, lo más probable es que pases de una relación a otra, en busca de la persona con la que te quedarás a largo plazo. Tendrás que hacer frente no solo a una, sino a una serie de pérdidas y desengaños. La repetición puede empezar a crear una indefensión aprendida: parece que siempre te rompen el corazón, que nunca encuentras a la persona adecuada o que nadie es lo suficientemente bueno para ti. Solo es algo temporal.

Lo más probable es que pases el resto de tu vida con alguien con quien estés felizmente emparejado. No estás destinado a estar atrapado en este vaivén de decepciones. No estás diseñado para forjar una hermosa conexión y que luego se rompa. No se supone que construyas los cimientos y que luego alguien los parta por la mitad. Por eso se siente tan mal, tan extraño, y tan horrible: así no es como se supone que debas atravesar la vida, y no será como la atravieses durante la mayor parte de tu vida.

En este momento, el dolor te hace sentir que solo porque alguien está fuera de tu vida para siempre, la herida también durará para siempre. Pero todo lo que puedes ver es lo que has perdido. Todavía tienes que ver lo que vas a ganar.

¿Qué se puede aprender cuando se nos rompe el corazón?

Resulta que mucho.

Ahora mismo, la vida te está ofreciendo una segunda oportunidad. Te está diciendo que la persona por la que sufres ahora no es la persona con la que deberías pasar todos los días de tu vida. Tu compañero de vida es alguien que te moldea de un modo irremediable. Su influencia en tu vida contribuirá en gran medida a que te conviertas en quien eres. ¿La persona por la que sufres es el tipo de persona que tú quieres ser? ¿Te gustaría tener hijos como esa persona? Si la respuesta es negativa, no quieres estar con esa persona. Dentro de unos años, la mirarás y querrás caer de rodillas agradecido por el giro que dio tu vida.

Claro que en este momento no te sientes de ese modo.

Ahora mismo, estás tan centrado en lo que crees que has perdido que no te estás dando cuenta del terreno fértil que tienes adelante. La tierra se sacude cuando nuestros corazones se rompen. Cuando nos vemos obligados a salir de la comodidad, nos transformamos. En este momento, tienes una opción: puedes poner toda tu energía en hacer un berrinche por no conseguir lo que quieres, o puedes tomar toda la energía que antes estabas invirtiendo en amar, cuidar, trabajar, pasar tiempo con esa persona y pensar en ella, y puedes ponerla en ti mismo.

¿Sabes lo que puedes hacer cuando tu energía es totalmente tuya?

Cualquier cosa. Todo. Puedes empezar un negocio secundario y trabajar hasta que se convierta en tu actividad principal, y el año que viene por estas fechas podrías ser autónomo haciendo lo que te gusta cada día. Puedes hacer un viaje a Saint Tropez y sentarte en la playa solo. Puedes pasar las noches leyendo y adquiriendo conocimientos que, literalmente, cambiarán toda tu calidad de vida durante décadas. Puedes gastar el dinero que estabas desperdiciando en bebidas, comida y alojamiento, y empezar a pagar tus deudas para tener menos responsabilidades y más libertad.

Puedes convertirte en quien quieres y estás destinado a ser. Tienes el resto de tu vida para estar enamorado. Tienes este momento para cambiarte a ti mismo.

Estás llorando la pérdida de un futuro potencial, pero era solo eso: algo potencial.

Es normal y saludable llorar la pérdida de alguien con quien se tenía una relación profunda o íntima.

Pero cuando se convierte en algo obsesivo hasta el punto de estar devastado y ser completamente incapaz de seguir adelante, ya no es la persona a la que lloras, sino una idea que tenías sobre tu vida futura.

Cuando terminas con alguien y lloras la pérdida de su presencia en tu vida, es normal que te sientas solo, que las emociones aparezcan en oleadas, que llores, que quieras evitar o empezar de nuevo o tomarte un tiempo para ti mismo. Pero cuando rompes con alguien en quien de alguna manera confiabas para que te diera una sensación de certeza, dirección o seguridad para el futuro, la reacción será mucho más perturbadora. Te obsesionarás, estarás convencido de que no se ha terminado, y buscarás con desesperación «señales», harás cualquier cosa para convencerlo de que todavía están destinados a estar juntos.

Ese tipo de reacción no es la de alguien que ha amado y perdido a una persona que le importa. Ese es el tipo de reacción de alguien que ha perdido un sentimiento de seguridad sobre el futuro y que hará todo lo posible por recuperarlo... incluso creer que «no se ha terminado». Y eso reaviva ese sentimiento otra vez.

Aquí tienes una prueba de fuego: ¿qué pasaba en tu vida cuando te juntaste por primera vez con esta persona? Antes de iniciar esa relación, ¿sabías hacia dónde iba tu vida? ¿Estabas seguro de quién eras, de lo que querías y de cómo planeabas proceder en los próximos años de tu vida? ¿Te preocupaba, estresaba o angustiaba no haber encontrado una relación en el «momento adecuado», o llegar a alguna meta importante de tu vida y celebrar solo? ¿Te sentías perdido en tu carrera, estresado por el dinero o tenso por tu familia?

Las circunstancias que existían cuando se inició la relación pueden decir mucho sobre la propia relación. Por eso la gente predica tanto el evangelio de «ámate primero a ti mismo»: cuando dos personas que son felices, que están bien adaptadas y persiguen sus propios objetivos individuales se juntan, la relación dura. Cuando se juntan dos personas que necesitan trabajar en ellas mismas, se utilizan mutuamente como un curita, y entonces la relación se desmorona porque, en última instancia, se dan cuenta de que la solución no es otra persona.

Si estás ansioso por el futuro, tienes que ser tú quien haga un plan. Si no estás seguro de lo que quieres, necesitas sentarte y hacer una lluvia de ideas hasta que se te ocurra. Si no sabes quién eres, debes hacer un examen de conciencia. Si te sientes insatisfecho, necesitas trabajar en algo nuevo. Si te sientes estresado, necesitas gestionar mejor tu tiempo, tu dinero o tus relaciones.

Esto es lo que necesitabas hacer entonces, y es lo que ahora tienes la oportunidad de hacer.

No vas a olvidar a esa persona. Te vas a distraer.

«Olvidar» a alguien es imposible. Cuanto más intentes no pensar en una persona, más lo harás. Seguir con tus días como si nada hubiera cambiado no es lo que se necesita para «seguir adelante» con tu vida. La normalidad que una vez conociste ha desaparecido. Si sigues intentando vivir como si esa persona siguiera a tu lado, estarás orbitando alrededor de espacios vacíos. Será imposible no pensar en ella y llorarla constantemente. Te sentarás en la habitación en la que solían sentarse juntos y llorarás. Visitarás la tienda a la que solían ir de compras juntos y te sentirás derrotado. Verás a los amigos con los que acostumbraban salir y sentirás vergüenza porque, de forma muy pública, has fracasado.

Necesitas levantarte, necesitas volver a empezar y necesitas un nuevo comienzo. Necesitas nuevos lugares, personas y rutinas. Necesitas nuevas aventuras, objetivos y planes.

Así es como se supera cualquier cosa: llenas tu vida con tantas cosas poderosas y que cambian tu mundo que, poco a poco, con el tiempo, empiezas a pensar cada vez menos en esa persona. No porque lo intentes, sino porque ahora tienes muchas otras cosas en las que pensar. Tienes tantos lugares a los que ir, cosas que esperar y pasiones que mantienen tu mente ocupada.

Con el paso del tiempo, pensarás cada vez menos en esa persona. No porque mágicamente haya dejado de importarte un buen día, sino porque empezaste a llenar tu vida con cosas que te importan más.

Esa, justamente, es la magia de un corazón roto: te obliga a ser una persona diferente. A menos que quieras estar de luto para siempre, tienes que cambiar. Y si lo haces bien, trabajarás para convertirte en la persona que siempre quisiste ser. Recordarás este momento como la cúspide, el punto de inflexión, la oración sin respuesta que fue la respuesta misma. Será lo más grande que te haya sucedido nunca, porque en lugar de una tibia relación que no funcionaba de todos modos, conseguiste la vida de tus sueños… y fuiste tú quien se la dio.

¿Cómo saber si alguien es en verdad adecuado para ti?

Lo difícil de las relaciones es que casi nunca terminan con certeza. No es obvio que debas o no debas estar con esa persona. Por cada problema que tengas, podrías enumerar todas sus cualidades positivas. Por cada discusión, podrías enumerar todos los buenos momentos que pasaron juntos, todas las señales y los modos en los que estás seguro de que están «hechos el uno para el otro».

Lo contrario de saber que alguien es bueno para ti no es estar seguro de que alguien no es bueno para ti.

Lo contrario de saber que alguien es adecuado para ti es experimentar una *abrumadora incertidumbre.*

Cuando de forma clara y contundente alguien es «incorrecto» para ti, la relación no llegará lejos. No podrás desarrollar y fomentar ningún tipo de conexión significativa. Te darás cuenta de que son fundamentalmente incompatibles mucho antes de poder formar cualquier tipo de vínculo. Así es como sucede la ruptura. El quiebre no es producto de estar en pareja con alguien «incorrecto».

Es estar en pareja con alguien que, en muchos aspectos, podría ser la persona «correcta», pero que suscita otras tantas dudas. Te das cuenta de que alguien no es adecuado para ti a través de pequeños gestos. No publicas muchas fotos en redes sociales, porque en el fondo sabes que la relación no va a durar. Evitas presentarlo a tus padres, porque sabes que no van a reaccionar tan bien como esperas. En momentos de tranquilidad piensas: «Pero ¿y si hay algo más?». Sueñas despierto con las posibilidades que podría tener la vida si no estuvieras con esa persona.

Vas de un lado a otro preguntándote si esa es la persona con la que podrías pasar el resto de tu vida, en lugar de estar en el momento presente y pasar realmente tu vida con esa persona.

El corazón no se te rompe con personas totalmente incorrectas para ti. No eres capaz de lograr la suficiente cercanía como para que te duela. Ocurre con personas que son lo bastante buenas como para que tengas esperanzas, pero lo bastante malas como para impedir que te acerques o que lo hagas oficial.

Por eso no tienes que preocuparte por las personas que te rechazan ni por las que te dejan plantado, por las que siguen queriendo verte sin comprometerse, por las que dicen que «no es el momento» o por las que «no buscan nada serio». La verdad es que nadie busca nada serio hasta que llega alguien a quien quiere en serio. Nunca es el momento adecuado hasta que se trata de la persona adecuada.

Lo contrario de «saber» que alguien es adecuado para ti no es «saber» que esa persona no es adecuada para ti. Es la duda. Vivir en la incertidumbre significa que conoces la respuesta... pero estás demasiado apegado para admitirlo.

¿Cómo puedes «dejar ir» cuando no puedes evitar pensar en alguien?

Tras una ruptura, todo el mundo a tu alrededor te aconsejará que «dejes atrás» el pasado, que sigas adelante y que empieces de nuevo. Te dirán que salgas a tomar algo, que empieces a tener citas y que disfrutes de tu nueva libertad. Esto será molesto en el mejor de los casos, y absolutamente enloquecedor en el peor. No hay nada más frustrante que alguien que parece creer que un *shot* de tequila y una cita al azar el sábado será un bálsamo para el dolor que estás sintiendo en este momento. El futuro, tal y como lo pensabas ha cambiado. El presente tal y como estabas acostumbrado también lo ha hecho. No necesitas más incertidumbres en este momento. No necesitas tratar de forzarte a una nueva vida cuando ya tienes pánico por lo que va a pasar después.

Cuanto más intentes «dejarlo ir» y «seguir adelante», más se aferrará tu cerebro a las razones por las que deberías pensar más en ello, intentarlo de nuevo o mantener la esperanza.

La cuestión de «dejar ir» es que no es tanto una elección activa como la aceptación de que algo ya se ha ido. No se trata de despedir a alguien de tu vida, sino de aceptar el hecho de que ya se fue. En eso puedes encontrar algo parecido a la paz: no estás jugando a si debes abrir o no la mano y dejarlo ir, solo tienes que darte cuenta de que ya estás viviendo sin esa persona. Ya se ha ido. En esencia, ya la dejaste ir.

Ante lo desconocido, las personas experimentan incertidumbre. Pero la incertidumbre es también una bendición increíble, porque significa que por primera vez te desprendes de lo que ocurrió en el pasado y de lo que crees que quieres que ocurra en el futuro. Cuando no estás seguro, estás abierto a tomar decisiones que de otro modo no habrían sido posibles, porque estabas demasiado cómodo con aquello a lo que estabas acostumbrado. La incertidumbre es un caldo de cultivo para los mejores momentos de la vida y las posibilidades más épicas.

La mayoría de la gente se aferra a lo conocido y a lo que cree que quiere porque tiene demasiado miedo de sentir el desasosiego de no saber. Las personas que están dispuestas a enfrentarse a esa tensión son las que se liberan de verdad.

Las reglas básicas para seguir adelante con una relación

Cuando estás lastimado e incómodo y quieres desesperadamente volver sobre tus pasos y averiguar qué fue lo que salió mal o incluso tratar de arreglar las cosas, te colocas en un lugar en el que no piensas con claridad. Llámalo como quieras, pero las personas son más propensas a avergonzarse por completo y a tomar decisiones perjudiciales para su bienestar a largo plazo cuando tienen más dolor emocional. Por eso, si estás atravesando una ruptura, deberías seguir estas pautas:

01 | Sigue una política de contacto cero, a menos que la relación no haya sido tan seria y te sientas cómodo siendo amigos de nuevo. Las exparejas no salen solas, ni van por unos tragos, ni se hablan con regularidad… y desde luego, no se enganchan otra vez.

02 | Busca un amigo de confianza con el que puedas desahogarte, y hazlo en privado.

03 | Si no puedes evitar sentir el impulso de ver cómo está, de ver sus fotos o de ver lo que hace en redes sociales, deja de seguirlo o bloquéalo. Si te sientes mal por hacerlo, explícale amablemente que es un paso que te ayuda a cerrar su relación y a seguir adelante, y que le deseas lo mejor.

04 | Cambia tu rutina. No puedes salir con las mismas personas, visitar los mismos lugares y seguir girando en torno a ellas sin esperar echarlas de menos cada minuto del día. Cuando pasas por una ruptura, toda tu vida cambia… esa es la magia.

05 | No hagas nada permanente. No hagas nada que no puedas deshacer en cuestión de días.

06 | Considera la posibilidad de volver a tener citas casuales. Después de tomarte un tiempo para ti, considera la posibilidad de volver al juego. No, no es

justo entrar en una nueva relación cuando todavía tienes sentimientos hacia otra persona. Pero nunca vas a olvidar realmente tu antigua relación hasta que tengas una nueva que ocupe su lugar y te recuerde que todo pasa por una razón.

07 | Escribe todo lo que querías y necesitabas que esa persona fuera para ti. Lo más probable es que tengas miedo porque, sin ella, tu futuro podría ser solitario, económicamente más difícil, o simplemente podrías sentirte como un completo desastre. Todos esos son problemas que debes reparar por ti mismo. Una relación no es un curita. Tratarla como tal es lo que te llevó a estar con la persona equivocada en primer lugar.

08 | Recuerda que lo único que estás perdiendo es una idea que tenías sobre lo que podría haber sido tu futuro. Ahora eres libre de empezar a soñar con uno nuevo.

Cómo el trabajo del «yo futuro» puede ayudarte a sanar

El trabajo sobre el futuro es un proceso de visualizarte a ti mismo en un plazo de muchos años. Cuando te sientes a hacerlo, asegúrate de estar en un lugar tranquilo y silencioso, y ten a la mano un bolígrafo y un papel. Cierra los ojos y visualiza la mejor versión de tu futuro yo. No importa la edad que tengas. Debes saber que es común que lo primero que veas sean cosas que te asustan (como estar muerto o herido o sufriendo dolores cuando seas más viejo) y debes saber que lo que estás viendo es solo tu miedo a lo que podría suceder.

Una vez que eso disminuya y puedas ver por fin cómo vas a ser en el futuro, empieza a hacerle preguntas a esa persona y mira lo que te dice en tu mente. Reconoce que todo esto es en realidad una proyección de la persona que ya eres y de hacia dónde sabes que estás destinado a dirigirte… es solo un proceso para que seas consciente de ese hecho.

A menudo, visualizarte feliz y soltero o feliz y emparejado con alguien nuevo en el futuro es justo lo que necesitas para dejar ir a alguien. Tu yo del futuro también podría aconsejarte sobre lo que debes hacer en este momento, o si realmente necesitas dejar ir una relación. Básicamente, estás recurriendo al consejo de la parte más elevada y sabia de ti mismo (yo del futuro = más viejo, lo que significa más desarrollado) y mientras lo que escribas te parezca real, verdadero y útil, deberías confiar en ello.

La realidad es que ya eres esa mejor versión de ti mismo. Todo lo que está sucediendo a tu alrededor en este momento te está ayudando a darte cuenta de eso, de una vez por todas.

SI ALGUNA VEZ TE SIENTES PERDIDO, POR FAVOR RECUERDA QUE PUEDES CREAR UN HOGAR DENTRO DE TU PROPIO CORAZÓN

Tu destino nunca ha sido encontrar un hogar permanente en un mundo temporal.

Otras personas no estaban destinadas a amarte para que te sintieras seguro y protegido.

Estás aquí para crear un hogar dentro de tu propio corazón. Estás aquí no para aprender que puedes prescindir de una conexión, sino para aprender que sin estar conectado contigo mismo, nada más es viable. Estás aquí no para enterrarte en una vida que otro construyó, sino para encontrar el valor de crear la tuya propia.

En tu pecho está la paz.

En tu corazón está el amor.

En tu mente está la inspiración.

Nunca debes dar por sentadas a las personas que te acompañan en el viaje de la vida, pero tampoco debes utilizarlas para tu propio trabajo emocional.

No es tarea de nadie más hacernos sentir seguros, hacernos sentir que todo está bien y que es correcto.

Hasta que no estés en casa en tu propio corazón, nunca harás las paces con el mundo.

Esto se debe a que estarás exigiendo constantemente que las cosas sean distintas a lo que son, necesitando constantemente que la gente cumpla con tus propias expectativas de ella, necesitando constantemente tejer alrededor de tus miedos y tus detonadores.

Debes comprender que el hogar no es una idea, no es un lugar; es una forma de ser.

Es una forma de presentarte en tu propia tu vida y hacerla tuya.

Es una forma de encontrar consuelo en los contornos de lo que eres, no en lo que podrías llegar a ser algún día.

Es la forma de buscar la presencia en todas las cosas, de darte cuenta de que nada está destinado a ser perfecto, sino que todo es una nueva experiencia que no has tenido antes, y que puede que nunca vuelvas a tener.

Hacer un hogar dentro de ti mismo es saber que siempre estarás bien, no porque todo vaya a salir como lo planeaste en un inicio, sino porque te adaptarás, aunque no sea así.

Hacer un hogar dentro de ti es saber que siempre avanzarás, no porque sea fácil soltar, sino porque puedes hacer cosas difíciles.

Hacer un hogar dentro de ti es saber que siempre volverás a la paz, no porque siempre estés cómodo, sino porque estás dispuesto a sentirte incómodo para tener la vida que has pedido.

No estamos vivos para navegar cerca de la costa.

No estamos vivos para buscar espacios seguros dentro de la idea del otro.

Estamos aquí para darnos cuenta de que somos la fuente de nuestra propia existencia, de todo lo que creamos, de todo lo que somos.

Estamos aquí para conducirnos a nuestro propio hogar, y luego para mostrar a los demás el camino de vuelta a ellos mismos.

16 PEQUEÑOS RECORDATORIOS PARA CUANDO SIENTAS QUE NO ESTÁS EXACTAMENTE DONDE QUIERES ESTAR EN LA VIDA

Has llegado muy lejos.

Por favor piensa en dónde estabas hace un año, o tres, o cinco, o siete. Has escalado montañas, has superado cosas que antes considerabas imposibles. Has hecho cosas que no creías que podías hacer, aunque algunas de ellas fueran simplemente levantarte de la cama y enfrentarte a un nuevo día.

Puedes vivir con todo y las preguntas.

La vida no comienza cuando tenemos las respuestas, sino que se desarrolla cuando tenemos las preguntas mismas. No se trata de saber dónde vamos a llegar, sino del viaje de exploración y búsqueda del alma, de profundización, conexión e investigación y, por fin, de llegar a nuestro norte. No es siempre saber exactamente lo que haremos dentro de diez años, sino tener la valentía para perseguir lo que se siente bien y hoy viene sin esfuerzo. No es estar siempre seguro de que una relación es la definitiva, que es la relación de tu existencia, sino presentarse a ella cada día a pesar de la incertidumbre. *La certeza es la salida barata*. Es dar una respuesta definitiva cuando lo que se pretende es desentrañar la pregunta hasta que la respuesta sea una parte de ti, tan obvia y tan presente que no necesitas decidir, sino que simplemente eliges tomarla.

No te estás quedando atrás.

No estás en el camino equivocado. No hay manera de estarlo. Tu vida es un desarrollo continuo de ti mismo. Está formada y guiada por el mundo exterior, y por cómo interpretas y respondes a ese mundo. Es una exploración continua de quién eres y cómo podrías ser. La vida no empieza cuando todo es perfecto. No empieza cuando crees que mereces. Está ocurriendo ahora mismo. No estás en ningún otro sitio que donde se supone que debes estar, porque no hay ningún otro sitio donde estar. La idea de que tendrías que trabajar para obtener la vida que ya es tuya es una ilusión.

La vida no es un ascenso lineal hacia la perfección.

Cuando ves una película, no te pasas toda la hora y media esperando el final, las últimas respuestas. Entiendes que cada parte de la historia tiene un significado, cada parte está ahí para ser disfrutada, saboreada, metabolizada. No esperas que todos los hilos se unan y que todo tenga sentido de inmediato, sino que mantienes la curiosidad, observas, interpretas y predices, y mantienes el rumbo. Tu vida es igual. Vives en una obra de arte, pero la tratas como una ecuación que aún no has resuelto. No nos creamos a nosotros mismos una vez y para siempre; somos un proyecto para toda la vida, un florecimiento continuo y cambiante.

Nadie espera tanto de ti como tú mismo.

Sé que esto es muy difícil de creer. Sé que te imaginas que todo el mundo con el que te cruzas está evaluando tus éxitos y tus fracasos, que traza un mapa en su mente y llega a una conclusión sobre la luz a través de la cual te verá. Quiero contarte un secreto: *esa luz es la tuya propia.* Esa es la percepción que estás proyectando, esa es la lente a través de la cual te estás viendo. El cerebro es una cosa curiosa en el sentido de que su objetivo principal es sentirse afirmado, y a menudo, cuando nuestros miedos más pronunciados sobre nosotros mismos ocupan el centro de nuestra conciencia, acabamos buscando razones para creer en ellos más, no menos. El asunto es que no sabes cómo te ven los demás, no estás en su mente. Solo puedes saber cómo te imaginas a ti mismo, y entonces considera por un momento que no pasas mucho tiempo evaluando cada detalle de la existencia de los demás, por lo que tal vez (solo tal vez) de forma similar, tú eres el centro de tu propio universo.

Atravesar las sombras forma parte de la experiencia.

Afrontar las dificultades forma parte de la experiencia. No hay ninguna experiencia por medio de la cual no puedas filtrar una parte de tu alma que antes era un misterio para ti. Eso, en sí mismo, es parte de la magia.

No tienes que estar seguro.

Casi cualquier cosa que realmente llame a tu alma te sacará del camino seguro y consistente que un millón de personas han labrado en lo desconocido. Nunca será razonable viajar, ni dedicarse al arte, ni amar a la persona que amas. Siempre habrá una razón para no hacerlo, otra cosa que podrías o deberías estar haciendo con tu tiempo. A veces, en un esfuerzo por dar sentido a nuestra vida, acabamos más perdidos que nunca porque el amor no es lógico, la alegría no es lógica, la pasión no es lógica. Tienes que encontrar el valor para pintar fuera de las líneas que una vez dibujaste para ti mismo.

Tienes que empezar a ser amable contigo mismo.

Amable como lo eres con un niño, con alguien o algo tan inocente y que merece infinitamente tu cariño y tus elogios. Tenemos que ser más amables con nosotros mismos cuando menos lo merecemos, porque suele ser cuando más lo necesitamos. Encuentra las formas más sencillas y obvias de hacerlo. Con el tiempo, te darás cuenta de que gran parte de la implacable presión interna son voces que una vez oíste y luego tomaste como propias.

Probablemente no necesites tanto como crees.

No necesitas mucho para tener éxito, no necesitas ser mucho para ser suficiente. No necesitas mucho para estar contento, realizado y feliz. No necesitas tanto como crees, y ampliar esa brecha en nombre de la ambición no te hará alcanzar más, solo te dejará más vacío. Conoce lo que necesitas, conoce lo que quieres y pon un límite. No puedes pasar toda tu vida en una búsqueda exhaustiva y desesperada. Debes dedicar tiempo tan solo a ser.

La máxima expresión de tu potencial no tiene que ver con la cantidad, sino con la calidad.

Ser amado significa ser completamente mirado y acogido por unas pocas personas cercanas, no ver a cuántas personas puedes convencer de que te admiren. Tener éxito no significa ganar tanto dinero como sea posible, sino ser capaz de levantarte cada día y sentirte agradecido por estar vivo, incluso a pesar de todo lo que has pasado, incluso a pesar del miedo. No se trata de cuánto tienes, sino de cuánto te hace creer, lo que tienes, que vale la pena vivir. No se trata de lo lejos que puedas elevarte, sino de si te sientes bien o no.

Es normal sentirse incómodo.

La incomodidad es una hermosa mensajera. A diferencia de su señal hermana, el dolor, la incomodidad a menudo nos indica dónde estamos más preparados para crecer, mientras que el dolor nos indica dónde ya no podemos crecer. La incomodidad es lo que nos comunica de forma silenciosa que algo no está del todo bien, lo que significa que en el fondo sabemos que hay un camino alternativo, aunque tengamos miedo de tomarlo por completo. La incomodidad es tu amiga, no tu enemiga, y preguntarle qué ha venido a decirte es la única manera de convivir con ella; de lo contrario, acabas en una constante guerra contigo mismo.

Las grandes cosas suceden con pequeños pasos.

Puede que pienses que el problema de tu vida es la falta de grandes momentos, logros trascendentales, salidas magistrales del pasado, y entradas en una vida nueva y más glamurosa. Puede que pienses que el problema no es que no vivas en la ciudad más genial, o que no seas la persona más respetada en tu campo, o que otra persona tenga más que tú, lo que significa que simplemente no estás haciendo lo suficiente. La verdad es que las grandes cosas suceden en pequeñas partes. No se trata de esos cambios puntuales, sino de la acumulación de intenciones que te propones día a día. Te define mucho más tu rutina diaria que el hecho de que te hayas trasladado a un lugar en concreto o hayas conseguido algo en particular en un momento determinado. La verdad es que el camino te llevará adonde necesitas estar inevitablemente —aguantar la respiración hasta llegar, solo retrasa tu llegada—.

Nadie lo tiene todo resuelto.

Parte de la historia que ocurre en nuestra mente y que nos hace creer que no estamos a la altura de nuestros compañeros es esta idea de que todos los demás lo tienen todo resuelto. ¿Cómo no íbamos a pensar eso? Mira el flujo interminable de sus logros y mudanzas y sesiones de fotos familiares que vemos sin parar. ¿Cómo no va a parecer que todo el mundo lo tiene todo controlado y que nosotros solo nos esforzamos por quedarnos donde estamos? Esa exposición tan destacada puede ser engañosa. No conocemos cada detalle y cada hito de cada persona que conocemos desde la infancia. Se trata de una experiencia exclusiva de la era digital, a la que todavía nos estamos adaptando. Antes de internet, te ibas de un lugar, de una escuela o de un grupo y en verdad te ibas, no te quedabas conectado a pesar de estar geográfica, mental y emocionalmente en mundos diferentes. Es engañoso porque te hace creer que todas las personas que has conocido tienen todo resuelto y no es así. Simplemente no es así.

Estás en el camino correcto para la vida que es tuya.

La verdad es que aquí mismo, ahora mismo, tal y como estás, llegas justo a tiempo. Estás corriendo a tiempo. No hay forma de que no lo estés, porque no hay una forma incorrecta de avanzar por el camino que es tu propia vida. Cuando estamos demasiado seguros de lo que sigue en la vida, a menudo es porque estamos siguiendo el camino de otra persona.

El viaje no consiste en convencerte de que eres suficiente, sino en quererte aunque no lo seas.

En el camino hacia la creencia de que eres suficiente para esta vida, empezarás por tratar de buscar pruebas que desmientan tus peores temores. Por supuesto, si te buscan para salir, eres atractivo y, por tanto, eres digno. Por supuesto, si consigues entrar en la escuela de tus sueños, eres lo bastante inteligente para tu futuro y, por tanto, eres merecedor. Por supuesto, si eres querido por muchos, la prueba social dice que eres una persona amable, y por eso eres merecedor. Por desgracia, la vida no funciona así, porque incluso cuando reunimos todas esas razones por las que deberíamos creer en nuestra valía, realmente no la sentimos hasta que decidimos querernos a nosotros mismos, *aunque no creamos que lo valemos.* En lugar de intentar convencerte de que eres la mejor persona del mundo, prueba cuidar de ti mismo y de tu entorno sin condicionamientos. El valor no es algo que nos ganemos, sino algo que recordamos al cultivar nuestro propio cuidado y aprobación.

Lo estás haciendo mejor de lo que crees.

Estás más cerca del éxito de lo que crees. Has llegado más lejos de lo que recuerdas. Lo estás haciendo mejor de lo que crees, porque tu cerebro y tu cuerpo están programados para centrarse todo el tiempo en el siguiente problema, la siguiente amenaza, el siguiente miedo. Esto pretende mantenerte a salvo, cuando en realidad te rompe lentamente el corazón. Te hace creer que nada de lo que logras es suficiente, que estás destinado a vivir el resto de tu vida saltando de una altura a otra, siempre preparándote para la inevitable caída. *Incluso si todo lo que has hecho hoy ha sido seguir respirando,* has hecho lo suficiente. No solo eres tan valioso como te demuestres a ti mismo. Tu valía es un subproducto evidente de la presencia de tu ser. Quizás el objetivo es que te detengas y, de una vez por todas, lo sientas.

CUANDO LA VIDA TE DÉ UNA OPORTUNIDAD DE CAMBIAR, POR FAVOR NO LA DEJES PASAR

Cuando la vida te ofrece la oportunidad de cambiar de rumbo, debes aprovecharla.

Deberías aprovecharla porque lo que acaba llegando a nuestra puerta es casi siempre lo que está destinado a nosotros, aunque no hayamos previsto su llegada. Deberías aprovecharla porque el número de oportunidades que se te presentan para cambiar profundamente tu vida son muchas menos de las que crees. Deberías aprovecharla porque la simple corazonada de que deberías hacerlo es un indicador de que quieres hacerlo.

Pero, sobre todo, deberías aprovecharla porque cuando la vida nos da una oportunidad de cambiar, casi siempre es porque el cambio es necesario.

Es fácil idealizar lo que es cómodo. Es normal preferir lo que es familiar. Has pasado tanto tiempo convenciéndote de que donde estás es donde quieres estar, que has ensalzado todas las virtudes y buscado todas las explicaciones para justificar por qué tienes que quedarte precisamente donde estás.

Pero todo ese parloteo mental puede estar nublando tu visión.

Cuando tienes que esforzarte tanto para convencerte de que algo está bien, casi siempre es porque en el fondo sabes que algo está mal.

Cuando estamos en el camino correcto, simplemente lo es.

No tenemos que hacer gimnasia mental para convencernos de que estamos en el lugar y el momento adecuados. Es simplemente obvio, aunque la duda se cuele de vez en cuando.

A veces, quedamos atrapados en la zona gris durante un tiempo.

Nos estancamos entre la certeza de que estamos superando el lugar en el que nos encontramos y, sin embargo, no vemos el siguiente paso que debemos dar. Si no estamos atentos, la oportunidad que anhelamos podría pasar de largo, porque nuestro enfoque es demasiado fijo, demasiado miope.

Entregarse a la vida es confiar en la vida.

Es creer que no hay giros equivocados, solo hay giros, y cómo hacemos uno tras otro. Es entender que a menudo hay serendipias demasiado fuertes para parecer casuales. Es darse cuenta de que el mundo no nos castigará o premiará por una elección arbitraria sobre otra, es solo una cuestión de cómo perseguimos lo que está en profunda alineación con lo que somos, cómo somos o no somos capaces de expresar nuestra verdad en la plenitud.

No estamos aquí para limitarnos a cumplir las reglas.

No nacimos para alcanzar una meta tras otra.

No existimos para seguir el guion de otros.

Estamos aquí para ser testigos de nuestras almas en acción, estamos aquí para llevar el mundo que hay dentro de nosotros al mundo que nos rodea.

Estamos aquí para explorar, jugar, probar, buscar, descubrir, aprender, crecer, cambiar, adaptarnos, sentir las cumbres y las simas y todo lo que hay en medio.

Lo único para lo que no estamos aquí es para quedarnos quietos.

Cuando la vida te da la oportunidad de cambiar, cuando se abre una bifurcación en el camino, cuando el desvío se convierte en el destino, cuando se te da algo más grande de lo que pides, no es una coincidencia.

Un día, mirarás hacia atrás y los pasos se sumarán a un camino claro.

Un día, te darás cuenta de que has recibido lo que necesitabas, aunque no siempre haya sido lo que querías.

Un día entenderás que el fracaso no es dar un paso en falso, es no ir nunca más allá de tu lugar actual porque tienes mucho miedo a equivocarte.

Cuando la vida te da la oportunidad de cambiar, date la oportunidad de hacerlo bien.

EN ESOS DÍAS EN LOS QUE SIENTES QUE NUNCA VAS A AVANZAR, SOLO RECUERDA LO LEJOS QUE HAS LLEGADO

En los días en los que sientas que no serás capaz de superar esta situación, este periodo, esta transición, recuerda todas las montañas que has escalado antes. Por favor, recuerda todas las noches que pasaste convencido de que la ansiedad no se iría, que nunca irías más allá de donde estabas en aquel momento.

Te hayas dado cuenta o no, el tiempo pasó. Sin que tuvieras que intentarlo siquiera, la alegría surgió en tus días. Un día, algo pequeño te trajo un poco de tranquilidad, y luego un poco más. Esperaste. Te diste cuenta de que todo iba a salir bien, aunque no siempre se sintiera bien. Dejaste que las olas chocaran, y luego las dejaste retroceder.

Te des cuenta o no, has encontrado valor. Hiciste cosas que antes no creías poder hacer, incluso si esas cosas eran simplemente encontrar la voluntad de levantarte y afrontar cada día. Te sentiste peor de lo que eras capaz de sentir, sufriste pérdidas que antes no podías concebir. Te despertaste a la realidad, que a veces es fría, y a veces dura, y a veces brutalmente injusta.

Pero también es inimaginablemente dulce. Porque mientras llorabas lo que pensabas que sería, también encontraste la suavidad. Descubriste lo importante que es amar a las personas más cercanas a ti, y lo valiosas que son. Empezaste a apreciar lo que antes no veías. Empezaste a saber que eras suficiente, porque tú decidiste lo que era suficiente.

Te des cuenta o no, te has vuelto resiliente. Exploraste los perímetros de lo que tu corazón podía contener y cuánto podía procesar. Descubriste que tu fuerza es ilimitada, solo que no sabías cuánto hasta que la pusiste a prueba.

Y con el tiempo, lo que antes era imposible se convirtió en fácil.

La vida que tienes hoy es un mero sueño del pasado. Las cosas que haces ahora fueron una vez las cosas que solo podías soñar. Las personas de tu vida son las que, durante años, miraste por la ventana y te preguntaste si alguna vez llegarían, si alguna vez aparecería alguien que te hiciera sentir tan profundamente comprendido.

No necesitas tenerlo todo para obtener lo mejor de algo, porque la bondad es algo que elegimos ver. No siempre es algo que podamos lograr o encontrar.

Así que cuando llegue el día en que sientas que nunca vas a ir más allá de donde estás ahora, por favor, recuerda lo lejos que has llegado y todo lo que has atravesado. Por favor, recuerda todas las veces que te quedaste atorado y estabas seguro de que nunca saldrías del peso aplastante de tu propia decepción y derrota. Por favor, recuerda todas las veces que tuviste el corazón roto, que te sentiste en verdad decepcionado.

Entonces recuerda todas las noches que soñaste con estar donde estás ahora. Los días que pasaste trabajando, planeando y esperando que todo saliera bien. De un modo u otro, se abrió un camino donde antes no existía. Las oportunidades aparecieron. Las puertas se abrieron. Conociste a las personas con las que pasarías años de tu vida, personas que antes eran desconocidas.

Descubriste cosas sobre ti mismo que aún no conocías. Aprendiste lo que se necesita para sentirte seguro, y para no sentirte seguro. Aprendiste lo que disfrutas, y lo que no. Aprendiste lo que valoras, y lo que no. Porque descubriste, aprendiste la verdad honesta de quién eres y quién vas a ser.

Te encontraste a ti mismo, no porque estuvieras buscando, sino porque estabas acorralado. Cuando la incomodidad en la vida alcanza su punto máximo, nos quedamos mirando a nuestro alrededor y preguntándonos por qué. Por medio de esa reflexión descubrimos todas las piezas que están fuera de lugar, y entonces encontramos el valor para volver a unirlas.

Hoy moverás las piezas que tienes adelante.

Llegarás al horizonte que estás mirando a su debido tiempo.

En lugar de temer que el camino se desmorone, vuelve a lo que la vida te ha mostrado: que las cosas pueden dar miedo, pero que siempre se hace un camino. Que aunque no creas que mereces, siempre se te da lo suficiente. Que aunque no creas que eres querible, siempre eres amado. Que aunque creas que no hay un camino a seguir, siempre lo hay.

Cuando parezca que nada va a ceder y que nunca vas a poder escalar la montaña que tienes por delante, recuerda cómo has subido cada una de las que hay detrás de ti: un paso, una hora, un momento, un rayo de esperanza cada vez.

10 COSAS QUE COMENZARÁS A SENTIR CUANDO UN GRAN CAMBIO ESTÉ A LA VUELTA DE LA ESQUINA

A veces, cuando nuestra vida está a punto de cambiar, podemos sentirlo antes de verlo. Estas son algunas de las experiencias que puedes tener justo antes de que se produzca un gran cambio.

01 | Dejarás de fingir que todo está bien

Cuando en verdad estamos estancados en la vida, utilizamos la negación como escudo para protegernos del pánico que supone reconocer todo lo que está mal porque todavía no tenemos la confianza para creer que podemos arreglarlo.

Cuando nos acercamos a un gran cambio en la vida, lo que realmente se acerca es el punto de inflexión en el que por fin estamos preparados para reconciliar lo que ha estado «raro» durante mucho tiempo.

Esto significa que vas a salir del periodo de negación y pasarás a la ira, al arrepentimiento, al remordimiento e, incluso, a la tristeza.

Son sentimientos que has tenido reprimidos durante mucho tiempo, y probablemente te sientas lo bastante seguro como para liberarlos ahora porque sabes que la historia está cambiando, que tu vida se está ajustando de la forma en la que siempre ha debido de ser.

No salimos de la negación un día, sino que salimos poco a poco por fases y, al final, aceptamos que antes no éramos felices.

02 | Mirarás hacia atrás y verás las decisiones que te han llevado adonde estás

Los grandes cambios en la vida suelen ser un momento de reflexión.

Cuando nos damos cuenta de que estamos pasando de un capítulo a otro, a menudo nos detenemos a hacer un balance de lo que ocurrió en nuestra historia anterior y de cómo eso contribuyó a que estemos donde nos encontramos ahora.

Más que nada, empezamos a ser más conscientes de nosotros mismos.

Empezamos a reconocer por qué acabamos donde acabamos. Empezamos a pensar en las decisiones que nos han llevado al lugar en el que nos encontramos, y en cómo podríamos tener que elegir de forma diferente si queremos un resultado distinto en el futuro.

Tanto si estás orgulloso de lo que has hecho como si te arrepientes, este proceso de reflexión te aporta mucha sabiduría para seguir adelante.

03 | Tendrás claro lo que en realidad quieres

El proceso de salir de la negación es también el proceso de alinearte.

Cuando reconoces lo que no quieres, no puedes evitar identificar su opuesto: lo que sí quieres.

Tal vez descubras que darte cuenta de lo que quieres no es un proceso estimulante. De hecho, es todo lo contrario.

Puede que llegues a estas conclusiones desde un lugar de ira, arrepentimiento y exasperación total. Puede que te des cuenta de que te has estado negando a ti mismo incluso la capacidad de reconocer lo que quieres, y no digamos de perseguirlo de todo corazón.

Sin importar cómo llegues, lo importante es que ya no puedes descuidar lo que en verdad deseas, y eso es algo bueno, aunque sea incómodo en el proceso.

04 | Te desprenderás de todo lo que ya no quieres cargar

Tal vez te descubras soltando físicamente lo que te rodea.

Puede que limpies tu armario y la ropa que ya no te sirve, puede que revises tus pertenencias y hagas una purga profunda. Puede que cambies de lugar de residencia, que dejes de hablar con algunos amigos y te conectes con otros, y así sucesivamente.

Esta es una forma subconsciente de hacer que tu mundo exterior se alinee con lo que ocurre en tu mundo interior.

En el fondo, sabes que estás avanzando, y no puedes hacerlo con todo el peso del pasado que te mantiene estancado.

05 | Abordarás otros problemas de tu pasado

Cuando sanas una parte de tu vida, tiende a irradiar hacia fuera y tocar todas las demás.

Tal vez estés saliendo de la negación con respecto a la ciudad en la que vives, o el tipo de trabajo que haces, o la viabilidad a largo plazo de una relación. En el proceso, puede que te encuentres con el deseo de abordar otras cosas que te han estado molestando durante mucho tiempo.

Cuando mejoramos o elevamos una parte de nuestra vida, las otras que siguen sin sanar empiezan a destacar más en comparación.

Solo recuerda tomar una cosa a la vez y no abrumarte por completo.

Puedes reconocer lo que hay que cambiar y hacerlo a un ritmo seguro.

06 | Las cosas empezarán a cerrar el círculo

Con toda esta revelación y cambio que se está produciendo, puede que te encuentres con un final de «círculo completo».

Tal vez siempre tuviste una corazonada sobre lo que estás haciendo ahora. Tal vez estés aceptando partes de ti mismo que han existido siempre, aunque las hayas negado.

Tal vez te estés dando cuenta de que, en el fondo, siempre supiste lo que sabes ahora, aunque trataras de evitarlo.

Tal vez por fin estás aceptando lo que querías desde el principio.

Tal vez te recuerdes a ti mismo diciendo: «Siempre quise vivir allí».

Tal vez por fin te estés dando cuenta de que el trabajo que te llega sin esfuerzo es siempre el que estás destinado a hacer.

Tal vez reconozcas que sabías que tu relación era un callejón sin salida desde el principio, pero la seguiste de todos modos.

Independientemente de lo que esté cambiando o de las revelaciones que se produzcan, puede que descubras que estás terminando donde empezaste, y en realidad es más reconfortante de lo que imaginas.

07 | Redescubrirás tu sentido de identidad

Un efecto secundario natural de reconocer lo que quieres y lo que no quieres en tu vida es, también, darte cuenta de quién eres y quién no.

En este proceso, es posible que descubras un sentido más fuerte y claro de ti mismo.

Sabes lo que quieres, sabes lo que se te da bien, sabes lo que quieres experimentar.

Estás ajustando lo que eres por fuera para reflejar mejor lo que sabes que eres por dentro, y es un proceso agridulce. Aunque puede ser un golpe bastante duro para el ego aceptar que no has sido la persona que querías ser, se reajusta rápidamente en favor de la sensación de ser finalmente fiel a ti mismo, que es inestimable e insustituible.

Te estás dando cuenta de que eres merecedor de la vida que quieres y de que siempre lo has sido.

08 | Empezarás a vislumbrar la paz interior

A través de todos los periodos de limpieza de las emociones almacenadas, de salir de la negación y de abrazar lo que eres, descubrirás que los atisbos de paz interior profunda son cada vez más normales.

Esto será diferente a estar emocionado o energizado, ya que esta sensación es en realidad el sentimiento de que por fin estás donde se supone que debes estar, no la ansiedad de que nunca llegarás, o que no te lo mereces.

Empiezas a sentir que estás presente en el momento de la manera exacta en que quieres ser y es una comprensión que cambia la vida.

09 | Empezarás a tener claridad a largo plazo

Lo curioso de averiguar lo que quieres en el momento es que a menudo también se presta a una visión más amplia.

Puede que te des cuenta de lo que quieres a largo plazo, o de cómo podría ser tu vida. Puede que hace poco tiempo esto te resultara por completo extraño, pero ahora que te sientes más cómodo con lo que eres y lo que quieres, es más fácil ver el futuro, y eso es algo que te reconforta.

10 | Dejarás ir con gratitud, y entrarás con gracia

Los periodos de transición pueden ser duros, pero cuando en realidad estés preparado, sabrás cómo dejar ir con gratitud y entrar con gracia.

Lo que esto significa es que estarás agradecido por todo lo que has vivido, incluyendo cada paso en falso y cada error. De cada uno de ellos has aprendido algo muy valioso, y por eso no te arrepentirás.

Entonces entrarás con esa misma sensación de aprecio. Darás los primeros pasos en tu nuevo capítulo con una sensación de facilidad y asombro, porque sabes lo que es vivir fuera de la alineación con lo que eres, y nunca olvidarás lo bien que se siente estar por fin en el otro lado.

NO EXISTE TAL COSA COMO QUEDARSE ATRÁS, TU VIDA NO SE DESARROLLA DE UN SOLO MODO

He aquí una frase que desbaratará tu visión del mundo o te liberará, y probablemente ambas cosas: *Todo el mundo está teniendo la experiencia exacta que necesita tener en este momento.*

Esto es difícil de aceptar cuando vemos a las personas que nos rodean cometer lo que percibimos como errores graves en su vida.

Esto es difícil de aceptar cuando vemos a las personas que amamos luchando y queremos mostrarles la salida.

Esto es difícil de aceptar cuando no podemos dejar de juzgarnos y castigarnos por no ser mejores, más lejanos y diferentes.

Cuando somos jóvenes, y antes de tener un auténtico sentido de la autonomía, nuestra vida se rige por un proceso, un orden específico.

Sabemos que aprendemos a gatear y luego a caminar.

Sabemos que aprendemos a atarnos los zapatos y a ponernos la chamarra.

Sabemos que cuando terminamos el segundo grado, pasamos al tercero.

Nuestra vida es un sistema de refuerzo incorporado.

Nos vemos reforzados por nuestros compañeros, por nuestra familia, por nuestras notas.

Sabemos que el objetivo es graduarse, conseguir un trabajo o una educación, casarse y tener hijos.

Luego, por supuesto, la vida ocurre.

Descubrimos que esta fórmula de la existencia es solo una sugerencia real, una que nos guía hacia la prosperidad y no hacia la autodestrucción.

A menudo no se nos da una lección sobre cómo sentirnos plenos.

No se nos suele decir qué hacer si no llegamos cuando todos lo hacen, si nuestros grandes logros son decepcionantes o, lo que es más habitual, si marcamos todas las casillas de la lista y descubrimos que, de alguna manera, seguimos estando vacíos por dentro.

Quedarse atrás es una ilusión.

No existe tal cosa.

Tu vida no se desarrolla de un solo modo.

A veces, tenemos que tomar el camino de regreso porque el camino largo nos enseña lo que necesitamos saber.

A veces, nos sentamos con nuestro propio dolor durante años antes de empezar a despertar y ajustar nuestro comportamiento.

A veces, lo que aprendemos siendo diferentes es más importante que lo que aprenderíamos encajando.

A veces, nuestros mayores éxitos se gestan durante décadas.

A veces, llegamos a la cima antes de tiempo.

A veces, necesitamos años de crecimiento y autodescubrimiento para decidir lo que necesitamos a continuación. A veces, el objetivo del viaje es tener diferentes experiencias, no solo pasar por una serie de ellas hasta que nos decidimos por la única cosa que queremos para siempre.

Cuando creemos que es posible quedarnos atrás, ponemos límites a nuestra vida.

Cuando creemos que es posible quedarnos atrás, es porque pensamos que el sentido de la vida es solo llegar a una serie de logros... hasta que morimos.

Graduarse, conseguir un trabajo, pagar las facturas, odiarse ligeramente, casarse, pelearse con el cónyuge, tener hijos, pelearse con ellos, envejecer, jubilarse... y luego intentar disfrutar de lo que queda.

Si en verdad te preocupa quedarte atrás con respecto a tus compañeros, pregúntate en qué crees realmente que te estás quedando atrás.

Muchas personas cumplieron todas las metas que debían cumplir y no son más felices por ello.

Porque la vida no consiste en pasar por el aro.

La vida está hecha para ser vivida.

La vida está hecha para ser experimentada.

Y a menudo descubrimos que nuestro dolor es el portal para despertar a esa experiencia.

La incomodidad es la señal de que hay más para nosotros, hay más que saborear, más que sentir, que ser.

¿Qué pasaría si no midieras tu vida comparándola con la de quienes te rodean, sino por lo que sientes dentro de ti?

¿Y si tu prioridad no fuera el tipo de crecimiento que la gente puede ver, sino el tipo de crecimiento personal que te revoluciona, el que cambia tu forma de hacerlo todo, desde tomar el café por la mañana, hasta respirar el aire de la primavera?

A veces, el contratiempo es el viaje.

Porque el camino que llevabas no iba a ningún sitio que quisieras de todas formas.

A veces, el contratiempo es el llamado que necesitas para salvar tu vida.

Porque, de lo contrario, te dirigías a tu propia autodestrucción.

A veces, ser diferente no es algo malo.

Significa que estás en un viaje de algo más profundo, y algo más grande, que la mayoría de la gente ni siquiera se atreve a soñar.

ASÍ SABRÁS SI REALMENTE VAS POR EL CAMINO EQUIVOCADO EN LA VIDA

Sucede, a veces, que no es muy claro que nos encontramos en el camino equivocado de la vida hasta que estamos demasiado lejos para volver sobre nuestros pasos con facilidad.

Todos hemos tenido una experiencia semejante al menos una vez.

Pasamos años adoptando comportamientos dañinos, solo para despertarnos un día y ver por fin lo que nos estábamos haciendo. Nos endeudamos sin pensar, para luego pagar las consecuencias. Pasamos años en una relación que tenía fecha de caducidad, y nos quedamos allí solo para descubrir que invertimos mucho de nuestra vida en algo que era temporal.

Cuando hemos tenido experiencias como estas, es fácil querer pasar el resto de la vida preocupándonos de que puedan volver a ocurrir, de que podamos despertar un día y descubrir que un error tras otro nos ha llevado a un lugar en el que no queríamos estar.

Imaginamos que si somos hipervigilantes podremos evitarlo, que si lo pensamos lo suficiente y si nos cuestionamos una y mil veces, tal vez seremos capaces de evitar que se nos rompa el corazón.

Solo que no funciona así.

La verdad absoluta y descarnada es que cuando estás en el camino equivocado en la vida lo sabes todo el tiempo y cuando finalmente no tienes más remedio que reconocerlo, tienes la epifanía.

La verdad es que si estás en el camino equivocado, ya lo sabes.

Sabías lo que hacías cuando tenías comportamientos autodestructivos, no hubo ningún momento en el que te engañaras pensando que lo que hacías era sano o estaba bien.

Sabías lo que hacías cuando te endeudabas, solo tenías suficiente artillería mental para seguir justificándolo y convencerte de que era lo correcto.

Sabías que tu relación iba a terminar, porque sabías que no era tan buena desde el principio. *En primer lugar, ninguna relación buena termina*, ¿por qué habría de hacerlo? Nunca dejamos a las personas que realmente amamos, valoramos y cuidamos. Las relaciones que terminan son relaciones que necesitan terminar y, si somos honestos con nosotros mismos, las señales estuvieron ahí todo el tiempo.

La cuestión es que nunca pierdes tu brújula moral, solo te convences de perderla de vista de vez en cuando para perseguir un propósito mayor.

Tu comprensión innata de lo que está bien y lo que está mal nunca desaparece, solo se ve empañada por el miedo, por el apego, por la idea de que lo que tienes frente a ti es lo mejor que puedes tener.

El reconocer que los comportamientos autodestructivos te hacen mal se ve empañado por el hecho de que te aportan comodidad, lo que te convence de que está, de alguna manera, justificado.

El comprender que te estabas endeudando más de lo que podías manejar se ve encubierto por un miedo mayor, o sea, que tienes que hacer lo que sea para pagar en lugar de ser realista contigo mismo y aceptar que no puedes permitirte cierto estilo de vida.

El comprender que estás en la relación equivocada es algo que ignoras completamente porque te aterroriza lo que el futuro podría deparar, y te desespera saber que tal vez, solo tal vez, esa persona podría estar a tu lado solo mientras tú resolvías tus asuntos.

Si quieres pasarte la vida preocupándote por si cometes errores, no te molestes.

En el fondo, ya lo sabes.

Ya sabes que el trabajo en el que estás no es para siempre.

Ya sabes que tienes que dejar de fingir y comenzar a actuar.

Ya sabes cuáles son los problemas de tu relación, y ya sabes si estás o no dispuesto a trabajar en ellos.

Ya sabes lo que tienes que hacer y lo que no.

Lo sabes aunque quieras fingir que no lo sabes, y cuanto más tiempo lo hagas, más perdido vas a estar.

Tus «grandes errores» en la vida nunca se produjeron porque estuvieras ciego a sus consecuencias, se produjeron porque te engañaste pensando que era lo correcto cuando sabías que no lo era.

Ser sincero con uno mismo es la mejor forma de autoprotección que existe.

Entrégate a ti mismo, y sigue adelante con fe, sabiendo que puedes confiar en ti, porque ya no vas a mentirte, aunque la verdad no sea conveniente.

COMENZARÁS A SENTIR QUE ERES SUFICIENTE CUANDO DECIDAS QUÉ ES SUFICIENTE PARA TI

Nadie va a venir un día a convencerte de que eres suficiente.

Por mucho que pienses que eso es lo que puede pasar, nadie te va a entregar tu amor propio. Nadie lo hará, porque nadie puede.

Ha habido tantas personas que te han amado con locura en esta vida y, sin embargo, ninguna de ellas ha sido capaz de convencerte de que eres suficiente. Piensa en cuántas personas te han expresado el más profundo afecto y admiración a lo largo de los años; de seguro se te ocurren al menos unas cuantas. Sin embargo, eso no ha cambiado tu percepción de ti mismo, al menos no por mucho tiempo.

Eso es porque no se supone que lo haga.

La autoestima es un trabajo interno.

Empezarás a sentirte suficiente cuando decidas qué es suficiente para ti.

Empezarás a sentirte suficiente cuando empieces a establecer los estándares de tu vida y a alcanzarlos.

Empezarás a sentirte suficiente cuando decidas qué tipo de trabajo es suficiente para ti, cuánto dinero es suficiente para ti, qué tipo de pertenencias materiales son suficientes para ti, cuántas amistades son suficientes para ti y qué tipo de estilo de vida es suficiente para ti.

Al decidir qué es suficiente para ti en el exterior, empezarás a descubrir qué es suficiente para ti en el interior.

¿Qué necesitas realmente para sentirte bien, para sentirte completo y para sentirte merecedor? La mayoría de la gente indaga para descubrir que no es mucho, es solo un pequeño interruptor que necesita ser encendido.

Esa luz es la de la conciencia, la de la gratitud y la de la sabiduría. Es mirar a tu alrededor y ver lo mucho que tienes y saber que, al final, no necesitas mucho más para salir adelante.

Has tenido menos y te has reído hasta llorar.

Has tenido menos y te has enamorado.

Has tenido menos y aun así el sol brillaba cada mañana.

No es que necesites más para sentir que eres suficiente, sino que necesitas decidir qué es suficiente para ti para dejar de intentar ganar una competencia imaginaria en tu mente.

Cuando decidas qué es suficiente para ti, ya no sentirás que tienes que probarte a ti mismo.

Podrás liberarte de la ansiedad de preguntarte si alguien más piensa que eres lo suficientemente bueno para tu propia vida, porque, para empezar, ese tipo de pensamiento es la raíz de tu inseguridad.

Cuando eres suficiente para ti mismo, las medidas de los demás no parecen importar tanto.

Cuando dejas de ver tu vida a través de los ojos de los demás, puedes ver, sentir y crear todo lo que te parece verdaderamente hermoso.

Cuando decides qué es suficiente para ti, te das cuenta de que siempre has sido digno de tu propia vida.

9 PREGUNTAS QUE TE AYUDARÁN A APROVECHAR AL MÁXIMO CADA DÍA

Nuestra vida se compone de días. Se acumulan, uno tras otro y, si somos sinceros, la mayoría admitiríamos que no aprovechamos cada uno de ellos tan bien como podríamos.

Tal vez hayas intentado microgestionar tu tiempo y obligarte a seguir una rutina robótica, pero eso solo te hace sentir más atrapado. En su lugar, anímate a aprovechar mejor tus días haciéndote las siguientes preguntas.

¿Qué haría la mejor versión de mí el día de hoy?

Imaginar la mejor versión de ti mismo puede ser un poderoso motivador. Sin embargo, imaginar a esa persona es más difícil de lo que parece. Una vez que la has imaginado, es difícil convertir a esa persona idealizada en algo concreto.

He aquí una mejor forma de enfocar este ejercicio: pregúntate qué haría tu mejor yo con el día que tienes por delante. ¿Cómo utilizaría este tiempo? ¿Adónde iría? ¿Qué lograría, y cómo?

Deberías saberlo instintivamente.

¿Qué es lo mejor que me puede pasar hoy?

Imaginando lo mejor que nos podría pasar, podemos prepararnos para experimentarlo. Con esta mentalidad, el mejor resultado posible suele ser el más parecido.

Tal vez sea que por fin tomaste una larga y muy necesaria siesta. Tal vez sea que has disfrutado de un tranquilo paseo al aire libre. Quizás es que has terminado un proyecto y no ha sido tan pesado como temías.

Averigua cuál es tu mejor resultado posible desde el principio. Tenlo presente a lo largo del día.

¿Qué puedo hacer hoy mejor que ayer?

El crecimiento se produce de forma gradual. No nos levantamos un día y cambiamos completamente nuestro comportamiento. En cambio, cada día nos centramos en ser un 1% mejor que el día anterior.

Piensa en una cosa, por pequeña que sea, que puedas hacer mejor hoy que ayer. Quizá sea la forma de relacionarte con tu pareja o tus hijos, salir del trabajo a una hora razonable o cocinar esa comida que dijiste que harías. Estas micromejoras acabarán cambiando tu vida.

¿Qué pequeño paso puedo dar hoy para solucionar un gran problema?

Los mayores problemas de nuestra vida existen porque se sienten, o parecen, irresolubles. En realidad, solo son más complejos o requieren más tiempo para resolverlos.

Pregúntate qué pasos podrías dar hoy para avanzar en uno de tus mayores objetivos o en un asunto que te preocupe. Quizá sea el pago de una deuda, una relación que quieras mejorar o tu salud y bienestar.

No te preocupes por arreglar todo en 24 horas. En su lugar, piensa en los pequeños cambios que puedes hacer en el día que tienes por delante. Estos cambios, por pequeños que sean, tienen el potencial de influir en tu vida durante años.

¿Qué debo hacer hoy?

Mientras imaginamos todas nuestras aspiraciones a largo plazo y los pasos que daremos para alcanzarlas, no debemos olvidar lo esencial, las tareas que debemos realizar hoy para hacer posibles esos objetivos lejanos.

Atender a lo esencial te permitirá priorizar correctamente y mantenerte en tu programa. No podemos hacerlo todo a la vez, pero si priorizamos una cosa a la vez, podemos conseguirlo todo antes de lo que pensamos.

¿Qué estoy haciendo hoy por la persona más importante de mi vida?

¿Quién es la persona o personas más importantes en tu vida? (Incluso si esa persona eres tú).

¿Qué vas a hacer hoy por ellos? No tiene por qué ser un sacrificio enorme. Puede ser algo tan sencillo como hacerles una llamada telefónica, escribirles una carta (o un largo correo electrónico) o prepararles la cena porque sabes que tienen mucho que hacer.

¿Qué es algo nuevo que puedo probar hoy?

Por supuesto, el ser humano nunca evoluciona si no se arriesga, y si no nos arriesgamos hoy, ¿cuándo lo haremos?

En lugar de proponerte esfuerzos monumentales, piensa en algo pequeño que puedas cambiar en tu día o en tu rutina para abrirte a una nueva experiencia que no estás seguro de que te vaya a gustar.

Escucha una nueva lista de reproducción, cocina un nuevo platillo, envíale un mensaje de texto a alguien que no hayas visto en mucho tiempo o intenta un nuevo pasatiempo. Presta atención a cómo te sientes.

¿Recordaré este día dentro de un año?

La respuesta para la mayoría de nosotros, la mayoría de los días, es no. Y darse cuenta de esto no solo es importante, sino que también es liberador.

En lugar de preocuparnos por si hemos fracasado o tenido éxito, si hemos disfrutado o no, darnos cuenta de que probablemente no recordaremos ese día concreto —incluso en el futuro inmediato— nos ayuda a liberarnos un poco de la presión de hacerlo absolutamente perfecto.

¿Qué podría hacer para que este día fuera memorable?

Dicho lo anterior, algunos días son más memorables que otros. Si hacemos un esfuerzo concertado para desafiarnos a nosotros mismos o reescribir nuestra historia de una manera pequeña pero significativa, podemos convertir un día ordinario en uno que tenga un impacto durante mucho tiempo.

ESTE AÑO, POR FAVOR DEJA DE PELEAR BATALLAS QUE NO PUEDES GANAR

Por favor, deja de librar batallas que no puedes ganar.

Por favor, deja de intentar comprar tu autoestima. Por favor, deja de intentar convencer a la gente de que te quiera cuando no tienen intención de hacerlo. Por favor, deja de preocuparte por problemas que no puedes resolver. Por favor, deja de discutir con gente a la que no le importa lo suficiente como para escucharte.

En la vida hay batallas que podemos ganar y otras que no. Si esto fuera un juego y supieras que el único resultado es una pérdida inevitable, nunca participarías. Entonces, ¿por qué sigues jugando contigo mismo a estos juegos mentales en los que el único resultado posible es una reducción de tu calidad de vida?

Cuando te preocupas por un problema que no tienes que resolver, estás librando una batalla que no puedes ganar. Estás tratando de pensar en exceso para controlar el comportamiento de otra persona. Estás atribuyendo erróneamente sus decisiones a un juicio sobre quién eres tú. Peor aún, crees que todos los demás a tu alrededor tienen que estar bien para que tú te sientas estable. Todas estas son elecciones que te roban la autonomía y el poder. No hay otra conclusión que la de que te vuelves progresivamente más maniático y controlador, y te reduces a la peor versión posible de lo que podrías ser.

Cuando intentas comprar tu autoestima, estás luchando una batalla que no puedes ganar. Sigues tratando de achacar el problema a algo más: crees que solo te falta un mejor departamento, una foto más de Instagram, un traje más o un procedimiento de belleza más para sentirte realmente a gusto contigo mismo. Estás poniendo tu sentido del yo en algo fuera de ti, algo que siempre está fuera de tu alcance. Hasta que no estés dispuesto a quedarte quieto y mostrarte y sentirte valioso simplemente ofreciendo tu presencia, nada de lo que te rodea va a hacer que te sientas mejor, solo te va a alejar de ti mismo.

Cuando intentas convencer a alguien de que te ame, estás librando una batalla que no puedes ganar. El amor es algo que fluye libremente. Si alguien no lo da sin esfuerzo, no vale la pena perseguirlo. Si has llegado a un punto en el que estás tan desesperado por la presencia de alguien que te ha demostrado que no le importas, al final tienes que preguntarte qué está haciendo por ti que tú no puedes hacer por ti mismo. ¿Te hacen sentir seguro, te orientan, te hacen sentir deseado? Sea lo que sea, tienes que empezar a satisfacer esa necesidad de una manera que sea en verdad sostenible. El amor por el que tienes que rogar no es amor, es apego.

Cuando intentas discutir con personas que no tienen intención de escucharte, estás librando una batalla que no puedes ganar. No, por supuesto que no quieres rendirte ante nadie, pero al final tienes que darte cuenta de que todo el estrés y la energía que viertes en intentar convencer a alguien de que piense de una manera en que se rehúsa a hacerlo —aunque sea mejor para él a largo plazo— es solo tu propia energía desperdiciada. Si alguien no está dispuesto a cambiar, no va a cambiar y nada de lo que digas o hagas lo corregirá.

Eventualmente, tendrás que decidir que te preocupas lo suficiente por ti mismo como para dejar de librar batallas que son injustas para ti.

Eventualmente, tienes que decidir que no vas a seguir invirtiendo tu tiempo y energía en pensamientos y personas que nunca te van a devolver nada. Con el tiempo, tienes que detenerte a mitad de la espiral y admitir la derrota. Cuando te das cuenta de que no hay forma de ganar una batalla que no te corresponde, no pierdes, te liberas.

ESTO ES LO QUE EN REALIDAD SIGNIFICA SER AMABLE CONTIGO MISMO, PORQUE NO ES TAN FÁCIL COMO PIENSAS

Cuando pensamos en la bondad, a menudo la confundimos con la amabilidad, pero no son lo mismo.

Cuando somos amables, somos plácidos y no respondemos. No agraviamos, no provocamos, no señalamos nada importante, no abordamos lo que hay que decir. Pasamos por alto nuestras reacciones naturales y esenciales para no perturbar las aguas de otra persona, incluso cuando, para ser sinceros, eso es exactamente lo que necesita.

Nos comportamos así porque no siempre nos corresponde decirle a alguien lo que necesita oír.

Siempre nos corresponde mantener ese tipo de honestidad con nosotros mismos.

Ser bondadoso con uno mismo es, con frecuencia, hacer lo que menos queremos hacer.

A menudo se trata de dar prioridad a las necesidades futuras por encima de los deseos actuales. Es ser consciente de tus hábitos destructivos, es reconocer tus patrones de derrotarte a ti mismo, es aprender a curarte, es establecer límites primero con nosotros mismos y luego con los demás, es reconocer nuestro poder y recordar cómo hemos descuidado su uso.

Eso es bondad.

Todo lo demás es una distracción.

Lo más bondadoso no siempre es lo más fácil de hacer.

No siempre viene con una dulce sonrisa y una mano reconfortante. No siempre nos tranquiliza hasta que caemos dormidos. La verdadera bondad es un fuego que te despierta en la noche. Es un llamado que no puedes ignorar. Es amor duro, es ver la realidad tal y como es. Es aceptación, es elección, es reclamo.

Cuando somos realmente bondadosos con nosotros mismos, estamos en realidad en un proceso de cuidado de nuestro niño interior.

Estamos haciendo por nosotros mismos lo que siempre hemos confiado en que hicieran los demás, y lo estamos haciendo en aras de nuestro bienestar general y a largo plazo.

Estamos aprovechando la oportunidad de hacer lo que es correcto en lugar de lo que es fácil. Estamos eligiendo hacer lo que es importante en lugar de lo que es otra forma de adormecer y lidiar con la incomodidad.

Cuando empezamos a resolver los problemas, la incomodidad desaparece.

La bondad es querernos lo suficiente como para hacerlo.

Es creer en nuestro potencial lo suficiente como para elegir algo mejor. Es preocuparnos lo suficiente por nosotros mismos como para decidir que vamos a dejar de aceptar una vida que es menos de lo que merecemos. Es luchar por lo que somos, y por lo que podríamos ser algún día.

No hay nadie en el mundo que pueda mostrarte el tipo de bondad que puedes mostrarte a ti mismo.

Sí, por medio de la comprensión, la empatía y la compasión y luego a través del compromiso férreo de verte a ti mismo en un tipo de vida en el que puedes hacer lo que naciste para hacer, ser quien naciste para ser, y crear el que es tu destino final para crear.

Estás hecho para eso.

Lo único que tienes que hacer ahora es decidir si lo vas a elegir.

RECUERDA QUE TODO PARECERÁ IMPOSIBLE JUSTO ANTES DE QUE SUCEDA UN GRAN CAMBIO

Cuando llegamos a nuestro punto de quiebre y asumimos que estamos más perdidos que nunca, no es porque todo haya salido espontáneamente mal.

El quiebre no es un acontecimiento singular, es un punto de inflexión. Es el momento en que no podemos seguir negando lo que realmente ocurre.

Llegamos aquí porque no podemos recordar la última vez que nos sentimos bien con nuestro cuerpo, porque hemos tenido los mismos problemas de relación durante años, porque los patrones de pensamiento negativos que nos han estado erosionando finalmente nos frenan lo suficiente como para saber que es hora de dejarlos ir.

Aunque parezca incómodo en la superficie, esta es la magia que hemos estado esperando, la que cambia la vida. La ruptura es un avance, solo que aún no hemos visto el otro lado.

El núcleo de un momento de crisis es en realidad un despertar. Es cuando te das cuenta de que tus viejas costumbres ya no pueden llevarte adelante.

Durante todos esos años en los que te odiaste a ti mismo, aún no eras lo bastante consciente de ti como para darte cuenta de que te merecías algo más que vivir en un constante estado de aversión. Por eso ahora te sientes incómodo.

Durante todos esos años en los que has tenido problemas de relación, aún no eras lo bastante responsable como para darte cuenta de que tenías que hacer un cambio si querías ver un cambio. Por eso ahora te sientes incómodo.

Durante todos esos años en que has tenido pensamientos negativos que te agobiaban, aún no te querías lo suficiente como para no tolerar que tu propio acoso te frenara. Por eso ahora te sientes incómodo.

Pero en cada uno de estos casos se trata de que despiertes y reconozcas que ha llegado el momento de hacer algo más grande, algo más trascendente y algo diferente.

Ese sentimiento imposible no es en realidad una imposibilidad. Son tus sentimientos honestos que por fin afloran porque ahora eres lo bastante fuerte para responder a ellos, y para sanar.

Todo parecerá más imposible justo antes de que se produzca un gran cambio.

Todo parecerá desesperanzador justo antes de que se produzca el avance.

Todo se sentirá como si se desmoronara justo antes de unirse.

Es tan contrario a la intuición, pero cuando nos sentimos más incómodos y perdidos es exactamente cuando por fin nos estamos preparando para hacer el gran cambio de vida que hemos necesitado.

Cuando por fin estamos preparados para reconocer y metabolizar todo lo que nos ha estado reteniendo, también estamos preparados para liberarnos. Estamos listos para buscar más porque sabemos que somos capaces de tener más.

No importa lo difícil que parezca, pero debes saber que cuando tus sentimientos parezcan ir *in crescendo* y todo esté peor que nunca, probablemente te estés preparando para una liberación, un despertar, una reconciliación y el comienzo del siguiente capítulo de tu vida.

SI NO SABES QUÉ QUIERES EN LA VIDA, EMPIEZA POR AQUELLO QUE TE DÉ MÁS MIEDO

No hay nada más importante que saber lo que quieres en la vida, y no hay casi nada que sea más difícil de averiguar.

Hasta que no sepas cuál es tu objetivo final —el destino al que quieres que se dirija tu vida— es casi imposible empezar a construir una existencia que lo apoye. Te sientes perdido. Los pormenores ordinarios de la existencia se sienten vacíos y la incomodidad no vale la pena, porque no hay una recompensa clara a la vista.

Hasta que no sepas en verdad lo que quieres, no vas a conseguir nada en absoluto.

Los seres humanos somos excepcionales porque somos capaces de conectar con una fuerza de voluntad casi sobrenatural cuando sabemos lo que realmente queremos. De hecho, cuando tenemos claro lo que nos importa, se enciende un fuego en nuestro interior que quema todos los obstáculos del camino. Hay muchas historias de hazañas sobrehumanas en las que las ancianas sacan pianos de edificios en llamas, las madres arrancan las puertas de los coches para salvar a sus hijos, e incluso a pesar de que todo va en su contra, los más decididos superan sus circunstancias y se lanzan hacia la vida que en verdad quieren vivir.

Saber lo que quieres es la mitad de la batalla.

Sin embargo, nadie nos enseña a descubrir lo que queremos. A menudo resulta difícil sentarnos e imaginar lo que realmente deseamos, como si tuviéramos que buscarlo en nuestro subconsciente, y todo lo que se nos ocurre son fragmentos que suenan bien, y que podrían sentirse bien, pero que no nos encienden de la manera que necesitamos para estar inspirados.

Ahí es donde entra el miedo.

Si no sabes lo que quieres, empieza por lo que más temes.

Puede que no sepas lo que deseas, pero absolutamente todo el mundo sabe lo que le asusta.

¿Qué es lo contrario a ese miedo?

¿Cuál es el resultado alternativo a tu peor escenario?

¿Cuál es *el mejor resultado posible* para lo que más te asusta?

Eso es lo que quieres.

Ese es tu verdadero deseo, enmascarado tras las capas de miedo, resistencia y condicionamiento. Ese es tu deseo profundo; ha estado ahí todo el tiempo.

Si tienes miedo de no tener suficiente dinero, tu deseo es la libertad financiera. Si tienes miedo de perder el amor, tu deseo es tener relaciones sanas y estables. Si tienes miedo de no lograr algo importante con tu vida, tu deseo es encontrar un propósito en tu trabajo, y en tus días.

Absolutamente todo el mundo sabe lo que en verdad quiere, solo que tiene demasiado miedo de quererlo.

Tus deseos no son algo que tengas que buscar, no son algo que tengas que generar, ni siquiera elegir. Existen de forma natural dentro de ti, cuando retiras todas las capas de miedo que te alejan de ellos.

A menudo colocamos el miedo donde debería estar el deseo como forma de protegerlo. Nos importa tanto, y lo deseamos tanto, que se vuelve demasiado arriesgado para nosotros reconocerlo e inclinarnos hacia él. Si tenemos miedo, nos estamos protegiendo en cierto sentido, porque ni siquiera nos permitimos la oportunidad de fracasar.

De lo que no nos damos cuenta es que este mecanismo de defensa subconsciente no nos lleva a ninguna parte. No nos mantiene a salvo. De hecho, es el mecanismo de defensa más peligroso, porque nos deja en riesgo de nunca hacer lo que hemos venido a hacer, de no vivir nunca nuestros sueños. Nos roba la oportunidad de perseguir esos deseos profundos, porque los estamos negando.

Cuando sabemos lo que queremos, el camino se aclara y las montañas se convierten en colinas. El deseo es la fuerza motriz de nuestra vida, y si crees que no puedes encontrarlo, recurre a las sombras de tu mente. Muy a menudo, solo intentan oscurecer la luz.

A VECES EL PROPÓSITO PUEDE SER TAN SUTIL QUE NO TE DAS CUENTA DE QUE YA LO ESTÁS VIVIENDO

Si anhelas un sentido de propósito, una apariencia de significado, algún tipo de señal o afirmación de que estás, de hecho, en el camino correcto, te ayudaría empezar por entender qué es realmente el propósito.

El propósito no siempre es fuerte. Tampoco es siempre una sola cosa. No es exclusivamente un trabajo o un puesto, una vocación o un llamado. No siempre es tu arte, no siempre es un negocio, aunque muy a menudo puede ser esas cosas. La verdad es que tu propósito es mucho más dinámico y está más profundamente arraigado en la verdad de lo que eres, de lo que podrías reconocer en un principio.

Tu propósito es algo que ya estás viviendo.

Tu propósito es un papel que desempeñas, en primer lugar, para ti mismo. Son las relaciones que tienes. Es la forma en que cuidas a los demás y ellos te cuidan a ti. Es la manera en que intercambias amor, es la forma en que te vinculas con algunas personas y rompes con otras. No es lo que haces, sino la forma en que lo haces. Día tras día.

Todos hemos conocido a esos seres humanos que son como un faro de bondad, que irradian amor en todo lo que hacen. Nos encontramos con ellos de la manera más insospechada y sin embargo a menudo nos impresionan tanto que los recordamos hasta el día de hoy.

Son los maestros que nos orientaron, los compañeros que nos vieron y estuvieron a nuestro lado incluso cuando temíamos que no lo hicieran. El padre que actuó de forma desafiante y nos enseñó el significado de la valentía o la lealtad o el amor. El vecino que nos mostró lo que significa la comunidad; la persona al azar con la que nos cruzamos mientras hacíamos nuestras actividades diarias y que nos regaló una sonrisa o nos habló con bondad, que vio en nosotros más potencial del que podríamos haber visto en principio nosotros mismos.

Nuestro propósito no es solo algo que hacemos, es en realidad algo en lo que nos convertimos.

Cada vez que interactúas con alguien, estás creando un efecto dominó a través de la humanidad. No puedes imaginarte hasta qué punto se teje esta red de conectividad, hasta qué punto un solo acto de bondad puede afectar al mundo en general, hasta qué punto un alma que muestra a otra el amor verdadero puede influir en la forma en que esa persona interactúa con todas las demás personas con las que se cruza, para siempre.

Imagina a las personas de tu propia vida que más te han impactado. Seguramente puedes ver que no siempre eran las que hacían el trabajo de las formas más visibles, sino, a menudo, las que te enseñaban y te mostraban la presencia incondicional. Su propósito era, en parte, ser eso para ti. También era otras mil cosas: los niños a los que enseñaban o los pacientes a los que cuidaban, los clientes a los que ayudaban o la pareja a la que amaban.

Fueron capaces de cumplir esos papeles porque aportaron su propio amor a las tareas que se les encomendó que cumplieran en su vida.

De este modo, *nuestro primer propósito es con nosotros.*

Sé que esto suena muy contradictorio, como si el propósito fuera exclusivamente desinteresado. La realidad es que para rebosar de amor, primero debemos llenarnos de él. Primero debemos llegar a un lugar de conocimiento antes de poder compartir la sabiduría. Primero debemos conocer la conexión antes de poder establecer una. Todas las personas que admiras, que te han guiado y amado hasta convertirte en quien eres hoy, hicieron precisamente eso.

Si tu propósito es tu trabajo, eso es extraordinario.

Pero no es tu única razón de ser.

Tu primera y más crucial tarea es tu compromiso con tu propio crecimiento. De este jardín se cosecha todo lo demás.

Tu primer propósito es simplemente estar aquí.

Ser raro y ordinario y excepcional.

Pensar, sentir, conocer y cuestionar.

Construirte a ti mismo como una persona de la que te sientas orgulloso, aunque nadie más te aplauda.

Solo así compartimos, en última instancia, nuestro propósito con todas las personas que conocemos y con todas las que, de alguna manera, conoceremos. Sanamos con una simple sonrisa, un mensaje de agradecimiento, un acto de amor de corazón. Sanamos cuando enseñamos a nuestros hijos y escuchamos a nuestros antepasados. Sanamos cuando aprendemos a cuidar de nosotros mismos tan bien como lo haríamos con cualquiera de ellos.

Sanamos, no si cambiamos lo que hacemos en este mundo, sino cómo lo hacemos.

Nos llenamos de propósito al darnos cuenta de que, desde el momento mismo en que nacimos, rebosamos de potencial para propagar ese amor en todas las direcciones que podamos alcanzar.

ASÍ COMIENZAS A SOLTAR, AUNQUE SIENTAS QUE NO ESTÁS LISTO PARA HACERLO TODAVÍA

No puedes obligarte a soltar, sin importar cuántas ganas tengas de hacerlo.

No puedes forzar a algo a salir de tu mente, por mucho que no quieras que esté ahí.

No puedes solamente sujetar con menos fuerza, relajarte un poco y dejar de pensar por completo en algo alrededor de lo cual orbitaba todo tu mundo.

Así no funciona.

No sueltas en cuanto alguien te dice que «sigas adelante», ni el día en que aceptas que tienes que admitir una derrota segura, ni en el segundo en el que se te cae el corazón a los pies al darte cuenta de que la esperanza es, de hecho, inútil.

No sueltas solo por desear que algo deje de importarte. Eso creen las personas que nunca han estado dolorosamente aferradas a algo. Eso creen las personas que nunca han estado profundamente apegadas a algo que les da una sensación de seguridad y amor y confianza en su futuro.

No hay nada malo en ti si tienes una sensación casi de enfado cuando la gente te dice que «sueltes» sin más, como si no pudieran comprender las tormentas que hay en tu cabeza y en tu corazón.

¿Cómo puedes volverte tan pasivo con algo a lo que has dedicado tanto de tu tiempo y de tu vida, algo en lo que has trabajado mucho para mantener y restaurar?

No puedes.

No lo haces.

Empiezas a soltar el día que das un paso hacia la construcción de una nueva vida, y luego te permites tenderte a mirar el techo y llorar durante todas las horas que consideres necesarias.

Empiezas a soltar el día en que te das cuenta de que no puedes seguir orbitando en torno a un agujero negro en tu vida, y seguir así ya no es opción.

Empiezas a soltar en el momento en que te das cuenta de que ese es el impulso, el catalizador, ese momento sobre el que se hacen películas y se escriben libros y se inspiran canciones.

Ese es el momento en el que te das cuenta de que nunca encontrarás la paz en las ruinas de lo que solías ser.

Solo se puede avanzar si se empieza a construir algo nuevo.

Sueltas cuando construyes una nueva vida tan rica, atractiva y emocionante que, poco a poco, con el tiempo, te olvidas del pasado.

Cuando intentamos forzarnos a «soltar» algo, nos aferramos a ello con más fuerza y pasión que antes. Es como cuando alguien te dice que no pienses en un elefante blanco; esa es la única imagen mental en la que podrás concentrarte.

Nuestro corazón funciona de la misma manera que nuestra mente en este sentido. Mientras nos repitamos que debemos soltar, más profundamente nos sentiremos apegados.

Así que no te digas a ti mismo que sueltes.

En cambio, repítete a ti mismo que puedes estar molesto todo el tiempo que necesites. Que puedes caer en pedazos y ser un desastre y dejar que tu vida se derrumbe y se desmorone. Repítete que puedes dejar que sus cimientos se derrumben.

Y te darás cuenta de que sigues en pie.

Lo que construyas tras la pérdida será tan profundo, tan impresionante, que serás consciente de que tal vez la pérdida era parte del plan. Tal vez despertó una parte de ti que habría permanecido dormida si no te hubieran presionado como lo hicieron.

Si estás seguro de que no puedes dejar de lado lo que te hace daño, entonces no lo hagas.

Pero da un paso hoy y otro mañana, para volver a construir una nueva vida para ti.

Pieza a pieza, día a día.

Porque tarde o temprano, pasará una hora y te darás cuenta de que no pensaste en ellos o en ello. Luego un día, luego una semana... y luego años y años de tu vida, y todo lo que pensabas que te rompería se habrá convertido tan solo en un recuerdo lejano, algo hacia lo que regreses la mirada y sonrías.

Todo lo que pierdes se convierte en algo que agradeces profundamente. Con el tiempo, ves que no era el camino. Era lo que se interponía en tu camino.

EXISTEN TRES TIPOS DE PÉRDIDA EN NUESTRA VIDA, Y CADA UNA NOS ENSEÑA ALGO DISTINTO

En la misma proporción en que crecemos y ganamos cosas en la vida, perdemos, superamos y nos alejamos de otras tantas.

Pero no respondemos a todas las pérdidas de la misma manera. Hay una razón por la que estamos absolutamente devastados ante algunas rupturas, pero neutrales, si no agradecidos, ante otras. Hay una profunda corriente psicológica que fluye bajo la superficie de estos acontecimientos en nuestra vida, de la que a menudo no somos conscientes.

En última instancia, hay tres tipos diferentes de pérdidas que experimentamos en nuestra vida, y cada una está destinada a enseñarnos algo sobre nosotros mismos.

Ruptura del corazón

Se nos rompe el corazón cuando alguien a quien amamos no cumple nuestras expectativas. Es cuando los sentimientos no son recíprocos, o cuando alguien a quien queremos ya no puede estar en nuestra vida. La ruptura del corazón nos hace sentir vulnerables. El «dolor» no se debe a que alguien nos haya hecho daño, sino a que nuestro corazón se constriñe y queremos cerrarnos a la conexión para mantenernos a salvo.

La ruptura del corazón es dolorosa, pero no nos hace sufrir. La ruptura del corazón se produce cuando nos ignoran, cuando tenemos un novio o una novia ocasional que sigue su vida sin nosotros. Es cuando perdemos a un familiar, pero nos sentimos agradecidos de que esté en paz. Aunque escuece, la ruptura del corazón no es algo intrínsecamente insano. Es una respuesta natural a la pérdida. En realidad, la ruptura del corazón nos enseña lo que significa amar y nos hace apreciar lo que significa tener a alguien en nuestra vida, porque ahora somos conscientes de lo fácil que es perderlo.

Apego

A diferencia de la ruptura del corazón, la pérdida de una relación de apego se produce cuando alguien en quien nos apoyamos para conseguir una estabilidad fundamental o un sentido del yo se va. Es fácil confundir esto con el amor, pero la diferencia es que cuando perdemos un apego, estamos devastados hasta el punto de sentirnos incapaces de funcionar, lo que suele servir de catalizador para algún tipo de crecimiento personal, desarrollo o cambio vital radical o repentino.

Cuando perdemos a alguien a quien estamos apegados, pasamos por un proceso radical de desintegración, y a menudo experimentamos un cambio drástico en nuestra idea de quiénes somos, en qué creemos y cuál es nuestra posición en el mundo. El dolor de la pérdida de un apego es, en realidad, la confrontación del miedo con el que nos enfrentábamos antes de apegarnos a la persona que ya no está. Ese miedo suele tener que ver con la sensación de inestabilidad, incertidumbre o falta de claridad sobre nuestro futuro.

El apego, en última instancia, nos enseña quiénes somos en realidad, porque en el proceso de intentar mantener la relación intacta, sacrificamos muchos de nuestros propios valores y el sentido del yo. El dolor externo de una pérdida de apego no es la pérdida real de la persona, sino la pérdida de lo que pensábamos que sería nuestro futuro.

Desapego

Por último, el desapego es lo que ocurre cuando dejamos ir a alguien por voluntad propia porque reconocemos que no nos conviene, incluso si eso significa que nos hacemos un poco de daño en el proceso. El desapego es fruto de una verdadera conciencia de sí mismo y de la evolución personal. Es cuando dejamos de aferrarnos a lo que no nos sirve solo porque tenemos miedo.

El desapego puede crear a menudo una ruptura de corazón o los sentimientos que conlleva la pérdida de apego, pero la diferencia es que esta es una separación que iniciamos porque tenemos la suficiente claridad para darnos cuenta de que la relación no es realmente buena para nosotros. Por otro lado, la ruptura del corazón y el apego suelen ser el resultado de que nos dejen o abandonen, aunque ya sepamos que la relación no está funcionando. El desapego es un signo de madurez, de priorización de nuestro futuro y de nuestro bienestar a largo plazo.

El desapego nos enseña a querernos primero a nosotros mismos. Nos enseña a ser resilientes. Es una señal de que nuestro objetivo en la vida ya no es solo permanecer cómodos. Es la mayor muestra de amor propio. Desprenderse de una relación cuando sabemos que no está bien es una señal de que ya no dependemos de los demás para nuestro sentido de estabilidad y del yo, y a menudo es la primera señal de que somos más fuertes mentalmente y más libres emocionalmente que nunca.

CÓMO ESCRIBIR UNA DECLARACIÓN DE MISIÓN PERSONAL, PORQUE TU VISIÓN SE PUEDE VOLVER TU REALIDAD

Cuando se trata de construir la vida que queremos, casi todos intentamos diseñarla al revés.

La mayoría de las personas comienzan con los hábitos y rutinas que quieren tener cada día, en contraposición a los hábitos y rutinas que tendrían que empezar a hacer para llegar a donde quieren estar dentro de cinco, diez o quince años.

Esto es algo que se llama ingeniería inversa: hay que entender lo que se quiere que sea el producto final antes de poder poner todas las piezas en su sitio para hacerlo realidad.

De la misma manera en que las empresas o las escuelas necesitan redactar declaraciones de intenciones, tú también necesitas hacerlo. Tienes que entender cuáles son los grandes puntos generales de tu vida. De lo contrario, nunca sabrás realmente para qué estás trabajando.

La declaración de la misión es diferente de los objetivos. Los objetivos son logros concretos, específicos y cuantificables que uno quiere alcanzar en un momento determinado. Son más rígidos y, por lo general, funcionan como una especie de escalera: tus objetivos deben ser graduales y uno debe llevarte al siguiente, y luego al siguiente.

Tu misión, sin embargo, debe ser lo que está en la cima de esa escalera. Tu misión no es por fuerza algo en particular, sino que puede ser más fluida, más general y más descriptiva de cómo quieres sentirte, no necesariamente de lo que quieres hacer de forma exacta.

He aquí un ejemplo:

> *Estoy completamente en paz cada día. Trabajo dos o tres días a la semana como consultor en un campo que me apasiona. Tengo más dinero del que necesito, invierto y ahorro sabiamente, y mantengo bajos mis gastos. Tengo relaciones sanas y afectuosas con mis amigos y mi familia, cuido mi cuerpo y mi mente cada día, y confío en que estoy dejando un impacto positivo en el mundo que me rodea, en todo, desde mis interacciones diarias hasta el trabajo del que me siento más orgulloso.*

Escríbelo en un papel, colócalo junto a tu computadora, dóblalo y guárdalo en tu cartera, y llévalo siempre contigo.

Tu misión personal puede ayudarte de las siguientes maneras:

01 | Puedes tomar mejores y más alineadas decisiones

Digamos que estás tratando de decidir entre aceptar una promoción o iniciar tu propio negocio. O que intentas decidir si debes comprar una casa en donde estás o mudarte al otro lado del país. O, en una escala aún más pequeña, estás intentando averiguar cómo lidiar con tu frustrante pariente. Cuando sepas cuál es tu misión a largo plazo, podrás tomar decisiones desde esa perspectiva. Esto te ayudará a mantener tu vida en el buen camino a largo plazo.

02 | Estás escribiendo un plano para que tu cerebro lo adopte

Cuando puedes visualizar claramente cuál es tu objetivo final, estás dando a tu cerebro una especie de plano o mapa de lo que quieres y necesitas que haga.

Recuerda que gran parte de tu vida es habitual: muchas de las cosas que haces repetidamente, las cosas que se te antojan, las cosas con las que te sientes cómodo, son cosas que te has condicionado a preferir, o te sientes seguro haciéndolas. Puedes reescribir estos impulsos adoptando nuevos hábitos y comportamientos a lo largo del tiempo, aunque al principio te resulten incómodos.

03 | Creas tu propia certeza

Más que nada, tu misión personal te da una sensación de seguridad y estabilidad en un mundo en gran medida caótico e imprevisible. Te recuerda lo que quieres hacer, quién quieres ser y dónde deben estar tus prioridades, cuando a menudo parece que todo el mundo intenta atraer tu atención en todas las direcciones.

Estas son las preguntas que debes hacerte para construir tu propia misión:

— *¿Qué quieres sentir cada día?*

— *¿De qué quieres sentirte más orgulloso al final de tu vida?*

— *¿Qué trabajo quieres hacer cada día?*

— *¿Cómo quieres que te recuerden?*

— *¿Cómo quieres influir en los demás?*

— *¿Hasta qué punto necesitas vivir cómodamente para sentirte completo?*

— *¿Dónde quieres pasar tus días?*

— *¿Cómo quieres que sean tus relaciones?*

— *¿Cómo quieres que sea tu cuenta bancaria?*

— *¿Cómo quieres que sea tu armario?*

— *¿Cómo quieres que sea tu casa?*

Y a partir de ahí puedes seguir improvisando.

Recuerda que, en primer lugar, tu misión no tiene por qué ser realista teniendo en cuenta el lugar en que te encuentras en este momento, porque vas a tener que pensar fuera de tus circunstancias actuales para cambiar tu realidad. En segundo lugar, no esperes que todo cambie al instante. Tu vida va a ser un desarrollo gradual y constante. Tercero, recuerda que tu misión puede cambiar a medida que tú cambias. Se te permite crecer, se te permite volver a elegir, no estás comprometido con nada de lo que una vez creíste que querías.

Sé lo suficientemente libre para decidir quién eres y qué quieres en realidad.

NO TE VAS A DAR CUENTA DE QUE ESTÁS FLORECIENDO, PERO SUCEDERÁ DE TODAS FORMAS

Probablemente no reconocerás el momento en que empieces a cambiar tú mismo. Probablemente no sabrás el día en que conozcas a alguien que altere el curso de tu vida para siempre. Es posible que no veas los regalos de ser lo bastante valiente como para elegir a tu futuro yo por encima de tus miedos actuales.

Pero va a suceder de todos modos.

Vas a florecer de todos modos porque es para lo que fuiste diseñado. ¿Toda esa resistencia, ese miedo, esa negación? Son dolores de crecimiento. Es parte del proceso.

Vas a estar feliz, dolido y sanado, todo al mismo tiempo. Vas a ver lugares que nunca pensaste que verías, y todavía te encontrarás gravitando hacia los viejos espacios de los que pensabas que no te podías alejar lo bastante rápido. Vas a lograr hazañas tan grandes y valientes que ni siquiera te atreviste a soñar, y vas a luchar contra los mismos pequeños demonios que te han perseguido toda la vida. Vas a conocer a alguien que te haga sentir más en paz que nunca, y también va a hacer brillar una luz deslumbrante en cada parte de ti que tanto has intentado ocultar.

Llegar a ser lo que somos no es un ascenso constante y lineal hacia la felicidad. No crecemos en una sola dirección. Cuando nuestra vida crece, lo hace hacia fuera. Tocamos más, sentimos más, conocemos más, vemos más, nos convertimos en más.

Cuando tenemos más que perder, nos asustamos. Cuando tenemos que salir de nuestra zona de confort, anhelamos la familiaridad. Ningún logro, ninguna relación, ninguna ciudad, ningún trabajo nos excusa de ser humanos. Nada nos va a eximir de sentir pena cuando estamos tristes, rabia cuando nos han repartido una mano injusta, o resentimiento cuando hemos hecho demasiado y hemos recibido demasiado poco.

Esto no significa que no estemos mejorando. Esto no significa que hayamos retrocedido o que estemos retrocediendo a nuestros antiguos hábitos. A veces, la capacidad de sentir cosas que no habíamos pensado en años es la sanación. A veces, la voluntad de llorar ante algo sencillo y hermoso es el ajuste de cuentas. A veces, hacernos amigos de nosotros mismos es el paso más importante de todos.

En la naturaleza, nada se transforma sin romperse primero. Las flores no pueden florecer hasta que están profundamente arraigadas. Las estaciones no pueden cambiar sino hasta que el frío ha llegado y ha matado los restos del pasado. Las mariposas no extienden sus alas antes de estar aisladas durante semanas, y las estrellas no se convierten en supernovas antes de enfrentarse a su propia implosión.

Nuestro mayor crecimiento suele producirse justo después de haber mirado a los ojos a nuestros miedos más profundos.

Nuestros avances más significativos solo son posibles gracias a la voluntad de intentar y de fracasar. Cuando no tenemos nada que perder, tenemos todo que ganar.

Cuando tenemos el corazón roto y no queremos volver a ser lo que alguna vez fuimos, somos libres de convertirnos en lo que siempre hemos querido. Cuando nuestros sueños se ven truncados y el futuro se muestra incierto, ya no estamos sujetos al plan que hicimos para la persona que solíamos ser. Cuando algo no funciona como pensábamos, casi siempre se debe a que no somos tan buenos en ello como creíamos, no lo amamos tanto como pensábamos, o bien, no era tan bueno para nosotros como imaginábamos.

Transformarse no es glamuroso. No es divertido. Requiere desviarse del camino fácil, abandonar la trayectoria segura, arriesgarse a todo, probar cualquier cosa.

Florecerás en los momentos de tu vida en los que estés más convencido de que estás fracasando y quedándote atrás, rezagándote. Cuando te despiertes de tu propia vida, estarás al borde de una revolución personal. No será fácil y, ten por seguro, no será bonito, pero tendrás la capacidad de llegar al otro lado y te darás cuenta de que todo el tiempo había una razón, había un ritmo, había un plan, había un destino.

Te estabas convirtiendo en la persona que siempre debías ser, aunque no te dieras cuenta en ese momento. Estabas creciendo a través de las mismas cosas que creías que te habían enviado para desviarte del camino. De hecho, eran ellas las que te devolvían al camino.

7 PATRONES DE PENSAMIENTO QUE TE MANTIENEN ESTANCADO EN UNA VIDA QUE NO DESEAS

Tus pensamientos crean tu percepción, que crea tu realidad.

Tus *patrones* de pensamiento determinan lo que crees que eres capaz de hacer y, por lo tanto, lo que decides perseguir.

Cada vez que creces como persona o tu vida mejora, ocurre porque has ajustado o modificado un patrón de pensamiento. Mientras que algunos de estos patrones pueden ser claramente obvios para ti, otros no lo son tanto. Estas son algunas de las ideas más insidiosas que obstaculizan tu potencial, a menudo sin que te des cuenta.

1. «En mi vida solo puede salir algo bueno antes de que lo malo lo compense».

Cuando somos jóvenes, carecemos de control sobre casi todas las cosas de nuestra vida. Racionalizamos nuestro malestar casi constante creyendo que la vida es, en esencia, dura.

A medida que crecemos, los acontecimientos dramáticos y negativos del mundo que nos rodea confirman esta opinión. Vemos todas las devastadoras dificultades que la gente tiene que soportar y pensamos: «Claro, la vida es dura». Es más probable que definamos los últimos cinco años por una o dos cosas «malas» que nos han pasado que por las —literalmente— *miles* de cosas buenas.

Esto es el sesgo de la negatividad, y acaba frenando nuestro crecimiento a largo plazo al trasladarse a nuestras decisiones de la vida diaria.

Permanecemos en trabajos que odiamos porque la vida es dura. Permanecemos en relaciones que nos ahogan porque la vida es dura. Pensamos que es normal vivir nuestros días adormecidos y lastimados porque, de nuevo, la vida es dura.

Cuando nuestra vida comienza a inclinarse hacia lo bueno, no confiamos en ello. Asumimos, tras años de condicionamiento previo, que solo estamos experimentando unos pocos y fugaces momentos positivos hasta que, inevitablemente, nos vuelvan a jalar la alfombra bajo los pies.

No es así.

Cuando nuestra vida mejora, mejora. Las cosas buenas se acumulan y nos estabilizamos. Cuanto más estables seamos, menos probable será que incurramos en una experiencia «negativa» que esté bajo nuestro control, y será más probable que manejemos una que esté fuera de nuestro control.

2. «Solo puedo conseguir una vida que ame haciendo cosas que odie».

La creencia hermana de «la vida es dura y nada más estoy esperando mi próxima batalla» es la idea de que para tener una vida que amamos, debemos hacer cosas que odiamos.

Si nunca hemos visto a alguien que viva de forma independiente, que gane dinero de forma poco convencional o que viva en completa paz y con verdadera satisfacción, pensamos que esas cosas son imposibles. Volvemos a nuestra mentalidad de controles y equilibrios: *Si quiero más tiempo y libertad, tengo que soportar el estrés y el sufrimiento de un trabajo que no me gusta.*

Esta es otra mentalidad que erosiona tu calidad de vida.

No puedes odiar tu camino hacia una vida que amas. De hecho, es exactamente lo contrario.

3. «Soy responsable de todos los problemas en mi entorno».

Este es un tema importante, en especial si se trata de una persona con ansiedad reprimida. Cuando tienes ansiedad, escaneas constantemente el entorno en busca de amenazas y peligros potenciales. Cuando encuentras uno, se convierte en tu obsesión. Te obsesionas con él hasta que elaboras algún tipo de plan de emergencia o tomas el control de la situación por completo.

Por supuesto, esto funciona hasta que deja de hacerlo.

Funciona hasta que te encuentras con un problema que puede afectarte pero que no está bajo tu control. Entonces, entras en crisis.

El hecho de que puedas empatizar con el dolor de alguien no significa que tú debas llevar su carga.

Que veas a alguien con problemas no significa que tengas que martirizarte para solucionarlo.

El hecho de que no todos los que te rodean prosperen no significa que tú tengas que contenerte.

De hecho, es al revés.

Si te sientes abrumado por los posibles resultados negativos de los que te rodean, solo conseguirás frenarte más a ti mismo.

Más bien, debes discernir la diferencia entre los problemas de los que eres responsable y de los que no. La diferencia depende de lo que está dentro de tu esfera de influencia. Si algo no está en ella, o sí está, pero marginalmente, decide un plan de respaldo («esto es lo que haré en ese caso») y sigue adelante.

De lo contrario, te pasarás toda la vida luchando con problemas que no puedes resolver porque, en realidad, no son tuyos.

4. «No puedo pedir una vida abundante en un mundo lleno de tanto sufrimiento».

Muchos estamos atrapados en la siguiente mentalidad: *En un mundo con tanto dolor y sufrimiento, ¿quién soy yo para pedir una vida feliz y plena?*

La respuesta es: *¿por qué no habrías de pedirla?*

Al negarte a ti mismo la realización, ¿estás ayudando a alguien? ¿Estás haciendo avanzar a la humanidad? ¿Estás resolviendo los problemas que te desconciertan?

Claro que no.

Lo que el mundo necesita es más gente de buen corazón que lleve la antorcha por los caminos menos transitados. Tenemos que demostrarnos unos a otros que la felicidad es posible, que la abundancia está al alcance de nuestra mano y que podemos saborear cada momento mágico de nuestra vida.

No necesitamos más gente que se aguante por el dolor del mundo. Necesitamos más gente que demuestre que es posible bailar a pesar de ello.

5. «Las relaciones son difíciles y están diseñadas para serlo».

Las relaciones no deben ser difíciles. Deben ser un reto, pero no un dolor insoportable.

Las personas de nuestra vida nos cambian, nos moldean y nos crean. Si «el infierno son los demás», es probable que el cielo también lo sea. Los momentos difíciles son inevitables, pero se supone que las relaciones deben ser una fuerza positiva en tu vida y si no lo son, probablemente significa que algo va mal.

Tal vez pienses que esto no es posible porque aún no has estado en una relación que tenga más fluidez que fricciones; aún no has conocido a los mejores amigos con los que hay más conexión que drama. Esto es posible, estas relaciones existen, y conozco a mucha, mucha gente que tiene ambas cosas.

Si aún no lo haces, no te preocupes. Lo harás.

Pero no lo harás si vas por ahí pensando que todo el mundo apesta y que la gente es horrible y que todo el mundo te va a volver loco y te va a abandonar. Ajusta tu percepción de las relaciones y tus relaciones cambiarán.

6. «Debo tener éxito para ser feliz; debo ser hermoso para ser amado».

Sé que parece que el éxito y la felicidad están tan profundamente entrelazados que no es posible perseguir uno sin crear el otro. Pero nuestras ideas en torno a lo que significa tener éxito en primer lugar están muy infladas y son, en última instancia, inútiles.

Tener éxito es vivir en tus propios términos, encontrar la satisfacción en cada día. Eso es todo. Todo lo demás que adquieras por encima de eso no es más que el aderezo. No es el objetivo de tu vida, no es un requisito para la alegría.

No es necesario tener éxito. Del mismo modo, no es necesario ser bello para ser amado.

Es una forma muy dura de decirlo, pero las personas objetivamente poco bellas viven vidas enteras y felices, y tienen parejas que las apoyan y las apasionan. ¿Por qué? Porque en realidad el amor está en el ojo del espectador. El amor es mucho más profundo que la belleza superficial. Y la vida es mucho más profunda que el éxito.

El éxito y la belleza, aunque alimentan las búsquedas más activas y agresivas del mundo, son también esquemas capitalistas en cierta medida. Dependen de que no te sientas lo bastante bueno, para que sigas invirtiendo en mejorar, no en una mejora auténtica, sino en una superficial.

Es un acto radical de poder el determinar que no necesitas tener éxito, y que no necesitas ser bello. Irónicamente, aceptar esto es, en sí mismo, el éxito y la belleza en su forma más verdadera.

7. «Soy la suma de las opiniones de los demás sobre mí».

Es probable que no hayas formado tu visión de ti mismo de manera independiente. De hecho, la forma en que te ves a ti mismo es tal vez la acumulación de cómo crees que otras personas te perciben.

A veces, lo percibes por lo que te dicen o por cómo te tratan. Otras veces, es una cuestión de proyección, una metapercepción (cómo imaginas que te ven los demás).

En cualquier caso, eres un individuo entero y completo que existe fuera de las percepciones de los demás. Si vives creyendo que solo eres la suma de la forma en que te ven los demás, vas a tener una vida muy vacía.

Permanece solo durante un tiempo... de manera intencionada.

Descubre quién eres cuando no hay nadie más cerca.

Descubre lo que te gusta cuando nadie más está ahí para decirte lo que te tiene que gustar.

Descubre lo que quieres cuando nadie más está ahí para decirte lo que quieres.

Descubre cómo vives cuando nadie más está ahí para decirte cómo vives.

Cuando sabes quién eres fundamentalmente, en tus propios términos, acabas cambiando la forma en que el mundo te ve. En lugar de actuar de acuerdo con las expectativas de los demás, empiezas a vivir de acuerdo con las tuyas.

NO PUEDES PERDER RELACIONES, SOLO PUEDES SUPERARLAS

Si te sientes atormentado por la pérdida de una relación, no estás molesto porque alguien ya no esté en tu vida. Estás de luto por una idea que tenías sobre cómo sería tu futuro, y lo que significa para ti que una persona que veías en él ya no esté ahí.

La idea de que se puede «perder» una relación viene de la idea de que también se puede «ganar» una relación cuando se es lo suficientemente bueno y lo suficientemente inteligente y lo suficientemente hermoso y más que todos aquellos que podrían ser una pareja potencial para la persona que te eligió.

Y la vida no funciona así.

Las relaciones no se pierden, se superan. No hay ningún código que diga que todas las personas con las que te cruzas están destinadas a quedarse en tu vida para siempre. De hecho, muy muy pocas personas se quedarán contigo durante todo el tiempo que estés aquí.

Esto no se debe a que seas imperfecto para amar. Esto no se debe a que cada relación que tengas esté destinada a terminar en última instancia.

Esto se debe a que, a lo largo de tu vida, crecerás. Cambiarás.

Serás diferente. Las relaciones llegarán a tu vida y seguirán su curso y te cambiarán de alguna manera importante y luego pasarán.

Las relaciones no son una protección contra la soledad. No puedes reducirte a ser el más simpático, aceptable y agradable para asegurarte de que el mayor número posible de personas no te abandone. Las relaciones van y vienen; para eso están diseñadas.

A veces se van pronto. A veces se marchan dejando dolor. A veces se desvanecen, y a veces te sorprende su salida. A veces ni siquiera te das cuenta de lo que ocurre hasta que es demasiado tarde. A veces ves las señales de advertencia y esquivas la bala. A veces intentas aguantar y te das cuenta de que no hay nada que salvar. A veces eliges. Otras veces no.

Y, sin embargo, sin importar lo que haya pasado, si una relación se va de tu vida, hay una razón por la que se ha ido. Una parte de ti ha evolucionado, o ya no se beneficia de esa relación.

A veces es tu culpa. A veces no. Revisar lo sucedido y asumir la responsabilidad de lo primero es una parte importante del proceso de sanación y crecimiento.

Pero estar sufriendo por cada relación que ya no tienes en tu vida es una pérdida de tiempo, y proviene de la falsa creencia de que si fueras suficientemente bueno, todos se quedarían contigo.

Y no es así.

Las relaciones terminan cuando deben terminar. Se acaban cuando necesitan acabarse.

Vienes a este mundo solo, y lo dejas solo. Aquellas personas que te encuentres por el camino, por muy poco tiempo que permanezcan, solo están aquí para guiarte a estar más en paz contigo mismo.

Cualquier sentimiento que la ausencia de alguien en tu vida provoque en ti no es un problema que ellos tengan que resolver. Es tuyo. Es un hueco que intentas llenar con otra persona que no quiere desempeñar ese papel en tu vida, lo que significa que no tienes por qué colocarla allí, exigirle que se quede y culparla si no lo hace.

A veces, la forma en que la gente se va es la propia lección.

A veces, su ausencia es la experiencia que necesitas tener para reclamar el poder en tu vida.

A veces, darte cuenta de cómo estás siendo egoísta e inconsciente es el mayor regalo que otra persona puede darte, y solo llegará cuando recibas el brusco despertar que necesitas.

Lo que ya no forma parte de tu vida ya no es una necesidad en ella... aunque todavía no puedas ver más allá del horizonte.

No estás hecho para las personas que te dejan, no tienes la culpa de las personas que se han ido, y no estás desolado por las que se han desvanecido en la distancia. Abrazar el flujo y el reflujo de la vida, y la impermanencia de todo ello, es la forma en que aprenderás a amar a las personas cuando las tienes y a estar agradecido por ellas cuando no las tienes.

LEE ESTO MIENTRAS ESPERAS A QUE PASE LA TORMENTA EN TU VIDA, PORQUE ESTE PODRÍA SER EL MOMENTO QUE LO CAMBIE TODO PARA TI

Mientras esperas que pase esta tormenta, sea la que sea, quiero que imagines todas las demás tormentas que has pasado.

Quiero que recuerdes con claridad todos los momentos de tu vida en los que has estado tan seguro de que estabas por completo devastado, tan asustado por cómo ibas a pasar los próximos meses, tan perdido que no podías imaginar qué harías dentro de un año.

Quiero que imagines todo lo que has pasado hasta este momento, cada una de las situaciones que pensaste que eran el fin de todo tu universo tal y como lo conocías, y recuerda que no hubo ni una sola cosa por la que hayas pasado que fuera peor que el miedo que tenías al respecto.

Nada.

Todo lo que juraste que nunca superarías, lo hiciste. Todo lo que te aterrorizaba que nunca atravesarías, lo hiciste. Todo lo que estabas seguro de que iba a acabar con tu vida tal y como la conocías, pasó con el tiempo.

Cuando estás en un momento difícil o desafiante o aterrador en tu vida, se te da una oportunidad, y es reconocer que la tormenta está en el interior, no en el exterior. No hay nada de lo que tengas que correr y esconderte. El mayor peligro al que te enfrentas ahora mismo es lo que podrías dejar de hacer por miedo.

Porque en la vida pasan cosas. Las relaciones se acaban, los trabajos se acaban, los seres queridos se pierden. Las ciudades cambian, la gente se muda, el mundo sigue girando.

No estás siendo castigado ni probado. No necesitas ganar tu propia paz mental ni arrepentirte de lo que nunca hiciste.

Este puede ser el momento que lo cambie todo para ti, porque solo cuando estás en una tormenta te das cuenta de que tienes el poder de salir de ella.

No todo el mundo está preparado para escuchar esto. No todo el mundo quiere hacerlo.

Al final, tienes que darte cuenta de que el mayor reto de tu vida era el estado de tu propia mente. Si te permitía o no disfrutar de lo que tenías frente a ti, si te preparaba con alegría para el futuro mientras saboreabas el hoy, o si te pasmaba y te hacía sentir paralizado ante lo desconocido.

El cambio nos afecta a todos. Es la calidad de nuestra respuesta a él lo que determina el grado de sufrimiento que nos produce.

Hay un dicho que dice que cuando llegas al otro lado de una tormenta, eres diferente, y ese es el objetivo de atravesarla. Pero de lo que poca gente se da cuenta es que la tormenta termina porque eres diferente.

La vida se desplaza en la dirección en que tú lo haces.

La tormenta suele pasar cuando terminas de agitar las mareas.

ANHELAMOS LA PERFECCIÓN PORQUE QUEREMOS SENTIRNOS SEGUROS

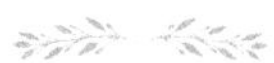

La verdad sobre la perfección es que solo la queremos para que los demás no nos lastimen por la falta de ella.

No anhelamos la perfección porque es una expresión auténtica de lo que somos. Utilizamos la perfección como defensa no solo contra las posibles críticas de los demás, sino también contra lo que sabemos, en el fondo, que no está alineado en nuestra propia vida. Es tranquilizador hacer que las cosas parezcan correctas en la superficie cuando sabes que están mal justo debajo.

¿En serio crees que necesitas preocuparte por lo que alguien pueda pensar de los pequeños detalles de tu vida, o necesitas vivir de una manera que realmente te haga sentir un poco más vivo? ¿En serio quieres dejar que tu autoestima dependa de cómo imaginas que te perciben los demás, o quieres encontrar la manera de sentirte orgulloso de ti mismo al final del día? ¿Quieres organizar tu existencia de forma que sea imposible que alguien diga algo negativo sobre ella, o quieres vivir con tanta alegría saliendo de tu interior que haga que esas opiniones carezcan de sentido?

Dejar de lado la perfección no te hará perder el control de ti mismo. Para empezar, la perfección es un falso control, y soltarlo es volver a centrarte en tu propia vida. No te impedirá perseguir lo que te llama, porque lo que percibimos como instancias de genio impecable son en realidad momentos de la autenticidad más profunda y cruda: un artista, una persona, un compañero, un amante, cualquiera que se atreva a crear algo o a ser algo que realmente le haga sentir. Se produce no a través de una búsqueda incesante de lo que nos hace invencibles ante el mundo, sino vivos en él.

La perfección y la excelencia no son lo mismo.

Una se busca con la intención de cuidar la apariencia, y la otra se crea con la intención de ofrecer algo real.

Hay una razón por la que las cadenas montañosas nos parecen tan vastas e impresionantes. Hay una razón por la que nos conmovemos hasta las lágrimas ante una poderosa interpretación vocal, una obra de arte impactante, por la que a menudo nos paramos en reverencia ante la naturaleza o la propia humanidad.

Las cosas bellas nos hacen sentir en paz y en calma.

Visualmente, hay orden y sentido.

Incluso cuando no los hay, hay una magnitud que hace que parezca que no es necesario que cobre un sentido perfecto para ser extraordinario.

Intentamos aplicar la misma lógica a nuestra vida: si podemos hacer que parezca tener sentido, lo tendrá. Sin embargo, lo enfocamos de forma equivocada. La realidad es que no es una imagen que podamos retener en nuestra mente lo que nos tranquilizará, sino que tiene que ser una belleza real y cruda.

Eso es a menudo muy imperfecto.

Lo que estamos perdiendo de vista es que la fuerza que creó esas cordilleras no lo hizo para que sintiéramos algo mientras las mirábamos. El propio artista tuvo que superar el miedo a lo que nosotros, el público, pudiéramos pensar, y perderse en su creación. La cuestión es que ninguna de estas cosas es en verdad perfecta, simplemente se les ha permitido existir.

Espero que encuentres el valor para vivir una vida imperfecta.

Espero que empieces a ver que nunca fue la perfección lo que buscabas, la perfección era una respuesta a una pregunta que te daba mucho miedo plantear. La perfección siempre fue la salida fácil, el medio para convencerte de que te basta con tu propia existencia.

Espero que aprendas a elegir lo que ya sabes que es correcto.

No lo que cuenta la historia de tu vida de forma más fluida, no lo que crees que los demás celebrarían y vitorearían si lo discutieran sin ti en la sala, no lo que imaginas que sería un bonito *post*, la mejor forma posible de resumir tu experiencia, promulgar la venganza contra todos los que alguna vez dudaron de ti, y vivir feliz, aunque de forma unidimensional, el resto del tiempo que te queda.

Espero que empieces a ver que, en lugar de la perfección, podrías buscar la verdad.

La verdad es sencilla y complicada, es desordenada y es hermosa. Es todo lo que siempre ha importado. Es vivir de acuerdo con tus valores más verdaderos y satisfacer tus necesidades más profundas. Es centrarte más en cómo ves las cosas que en lo que aparentan.

No se trata de que despiertes un día y decidas que ya no te importará lo que piensen los demás, sino que determines qué opiniones vas a valorar y cuáles son las que en verdad importan. No se trata de que un día te levantes y elijas vivir de forma desenfadada, sin tener en cuenta cómo afectan tus acciones a los demás, sino que decidas elevarte más conscientemente al nivel de tus valores en lugar de caer al nivel de tus reacciones. No se trata de que creas que al hacer esta gran transición hacia una vida que es más plenamente tuya, todas las personas con las que te cruces te van a entender bien, sino que si lo hacen o no es una cuestión de su propia percepción, y la calidad de tu vida va a ser un asunto tuyo.

Somos seres diseñados para la conexión. La anhelamos no solo para sentirnos seguros, sino porque es la realidad más esencial de la vida: que nosotros, como todo, compartimos una unidad, una igualdad que es fácil de pasar por alto si solo se mira la superficie. Perdemos esta conexión cuando intentamos convencer a los demás de que merecemos su tiempo, su atención y su amor.

Lo que buscamos solo puede venir a nosotros si nos conectamos primero con nosotros mismos. Solo puede existir en nuestra vida en la medida en que nos demos cuenta de que nuestra presencia es nuestro mayor valor: no hay nada adicional que debas hacer para convencer a quienes están destinados a amarte de que se queden contigo. La conexión es algo evidente, si la buscas con aquellos que quieren ofrecerla a cambio.

Nos perdemos porque tratamos de convencer a los que no tienen intención de amarnos de que deben hacerlo.

En lugar de unas pocas cosas que importan, a menudo buscamos muchas que no importan. En lugar de lo que importa, anhelamos la balanza. Sin el amor de una persona que nos importaba, queremos el amor de muchas para compensarlo. Esta es la raíz de la que crece todo el perfeccionismo.

No miras el amanecer y te preguntas si cada rayo se expresa con todo su potencial. No criticas la lluvia por no soltar cada gota con precisión sobre el suelo seco. No se puede resumir a otras personas por la perfección con la que hacen cada cosa en su vida. Es su sencilla presencia la que hace que todas estas cosas sean bellas y valgan la pena.

¿Podrías aprender a verte a ti mismo de la misma manera?

CÓMO SABER SI ESTÁS CORRIGIENDO EN EXCESO TU VIDA

Cuando eras joven, te enseñaron a anular tus instintos.

Naciste pensando que estabas bien, y luego la gente empezó a enseñarte que no era así. Por supuesto, esto no ocurrió de forma consciente. Con el tiempo, aprendiste las reglas y las expectativas que te rodeaban. Viste lo que le gustaba a la gente y lo que no, de quién se burlaban y a quién aceptaban.

De niño, te intrigaba lo que veías cuando te mirabas al espejo.

Elegiste algo de la estantería de la tienda y te lo pusiste porque te encantaba.

Tuviste hambre y pediste de comer.

Tuviste una idea y la pusiste en práctica.

Fuiste creativo sin esfuerzo, conectado y fundamentalmente siendo tú mismo.

Entonces, cuando otras personas empezaron a corregirte, a decirte cómo vestir y actuar y quién ser, empezaste a darte cuenta de que tus instintos esenciales sobre ti mismo estaban equivocados. Te desconectaste de tu sistema natural de navegación emocional. Resultó claro que no se podía confiar en ti a la hora de evaluar la calidad de tu propia vida.

Como adulto, probablemente te mires al espejo y no te guste lo que ves.

Eliges algo de la tienda basándote en si va a ocultar o no las partes de ti mismo que más odias.

Sientes una señal de hambre y luego la cuestionas; y luego cuestionas lo que quieres comer; y luego cuestionas si deberías haber comido.

Sabes lo que te gusta, pero no crees que seas lo bastante bueno para hacerlo a tiempo completo.

Sabes lo que quieres, pero te preguntas qué pensarán los demás, y luego dejas de intentarlo cuando supones que te humillarán por exponerte.

Todos estos son comportamientos aprendidos.

Si eres como la mayoría de la gente, tu acuerdo operativo estándar contigo mismo es que tus instintos básicos no son de fiar. Crees que las ideas de los demás deben superponerse a ellos.

Piensas: *Si confiara en mí mismo, arruinaría mi vida.*

Asumes que si en realidad te dejaras llevar —si en realidad siguieras tu corazón y tu verdad— empezarías a actuar según tus emociones y tu vida se desmoronaría.

¿En serio? ¿Es eso lo que haría tu yo más esencial, más verdadero y más realizado? Probablemente no. Ese es el tipo de comportamiento que realizamos cuando hemos llegado a nuestro punto de ruptura después de tanta supresión y desconexión.

Te enseñaron que tu instinto natural es erróneo y que si empezabas a escucharlo de verdad, te perderías por completo. Así es como funciona el condicionamiento social. Se basa en que creas que tu ser fundamental está lleno de malicia, y que solo tu odio a ti mismo lo mantiene todo unido.

A su vez, desaprendes cómo evaluar lo que te rodea y confiar en tus propias valoraciones y opiniones. Entonces, acabas participando en una de las formas más insidiosas y furtivas de autosabotaje.

Cuando sobrecompensamos, intentamos compensar lo que creemos que nos falta. Cuando sobrecorregimos, tratamos de arreglar lo que está roto, aunque no lo esté.

La sobrecompensación es un poco más fácil de ver. Más o menos podemos percibir cuando alguien es tan grandioso con su estilo de vida que, en cierto nivel, debe sufrir una baja imagen de sí mismo.

Sin embargo, la sobrecorrección es astuta porque puede enmascararse como humildad y superación personal. En realidad, la sobrecorrección te roba lentamente la vida, manteniéndote estancado en un ciclo de pensamiento que dice que aún no eres lo bastante bueno.

Cuando corregimos en exceso, empezamos por asumir que cada parte de nuestra vida es fundamentalmente defectuosa. Pensamos que nuestra vida no puede comenzar hasta que hayamos arreglado todo lo que podemos.

En lugar de intentar establecer una rutina saludable, manipulamos nuestro horario hasta el límite de nuestra tolerancia y cordura en un esfuerzo por ser lo más productivos posible.

En lugar de intentar mejorar nuestra apariencia, tratamos de reinventarnos como un ideal perfecto, y nos abstenemos de vivir hasta que hayamos alcanzado ese objetivo.

En lugar de intentar desarrollar nuestras relaciones, nos obsesionamos con quién nos quiere o no, con cuántos amigos tenemos o con la apariencia externa de estar conectados, en lugar de con las propias conexiones.

La sobrecorrección se produce porque no tenemos un concepto de lo que es «suficiente» para nosotros.

Si alguien nos dice que tenemos que mejorar algo de nuestra vida, le creemos.

Es tan fácil convencernos de ello que hay industrias enteras que se dedican a crear un problema o defecto percibido en nosotros mismos y a vender productos para solucionar el problema que han creado.

Somos fáciles de manipular porque ya no tenemos un instinto natural que nos diga lo que realmente nos haría sentir bien en nuestra vida, así que pensamos que tenemos que seguir buscando y seguir arreglando, hasta que todo sea perfecto.

El problema no es que nuestra vida no sea lo suficientemente buena por fuera, el problema es que estamos desconectados de nuestra capacidad de percibir lo que es suficiente por dentro. Así que malgastamos dinero, tiempo, energía y dolor en nosotros mismos, esperando que esa sensación de «suficiencia» vuelva de algún modo a nosotros.

Muchas personas *en verdad* necesitan cambiar su vida. Pero si tienes un problema, actuar debería acabar por solucionarlo. Así es como se nota la diferencia: corregir en exceso es una batalla que no tiene fin y que nunca lo tendrá. La verdadera solución de problemas tiene un punto final.

Así sabemos que estamos corrigiendo en exceso:

- *Estamos preocupados por un problema que a nadie más le parece tan grave.*
- *Nos avergonzamos tanto de este problema que nos aislamos y tratamos de escondernos hasta que se solucione.*
- *Esperamos «empezar» nuestra vida hasta que el problema sea diferente.*
- *Siempre intentamos solucionar este problema, pero nunca se resuelve.*
- *No importa qué medidas adoptemos, seguimos cerca de donde estamos.*

Corregir en exceso también puede llevar a comportamientos adictivos u otras formas de abuso de nosotros mismos que ayudan a evitar, distraer o potencialmente «arreglar» el problema (por ejemplo, ir de compras o moverte constantemente para «buscar una nueva oportunidad», pero sin llegar a algo concreto).

Cuando tratamos de corregirnos en exceso, nos fijamos normas que son imposibles de alcanzar porque no son fundamentalmente sanas para nosotros.

Esto se debe a que, en el pasado, nos comportamos de una manera que nos enseñaron que era aceptable, y cuando eso no condujo a un resultado deseado, aprendimos que *nada es suficiente*. A su vez, nos convencimos de que la única manera de existir es probarse constantemente a sí mismo.

Empezamos a sobrecorregir porque estábamos sobrecorregidos.

Es un comportamiento aprendido.

Cuando los padres o tutores corrigen en exceso, lo hacen para evitar conectar con una versión auténtica de ti que les incomoda (muy probablemente porque sus propios padres reaccionaron de forma similar a ellos). Entonces, el problema se deposita en ti.

No se trata de mejorar para ser *realmente* mejor.

Intentas mejorar para demostrar a alguien que eres digno de su atención, su amor o su tiempo.

Por eso la sobrecorrección se convierte en un círculo vicioso: tu valía está determinada por una idea abstracta de cómo crees que te ven los demás, que es una metapercepción. No puedes saber lo que la gente piensa realmente, así que asumes lo peor y partes de ahí.

Entonces aprendes la hipervigilancia. Con el tiempo, te reacondicionas para centrarte con tal intensidad en lo negativo, que dejas de ver cualquier otra cosa.

Adoptas el comportamiento que te hizo daño para que no pueda ser utilizado en tu contra.

Crees que te estás adelantando a los acontecimientos. Si puedes identificar, enumerar y tratar de atacar todos los posibles defectos que alguien pueda encontrar en ti, entonces no podrá decepcionarte, rechazarte o herirte. Vas por la vida como Eminem en la película *8 Mile: Calle de las ilusiones*, con tus defectos sobre la mesa.

Excepto que esto no funciona así, ni un poquito.

Te enseñaron que tus imperfecciones eran la razón por la que no podías recibir la conexión. En la edad adulta, interpretaste esto como que tus imperfecciones son la razón por la que no puedes empezar tu vida.

O no sabes cómo conectar, o no confías en la conexión.

Tu vida se pone en pausa, y te apresuras a arreglar un problema que nunca fue un problema en primer lugar, lo que significa que nunca vas a obtener el resultado que realmente deseas. Solo estarás frustrado y esperando.

La raíz de la sobrecorrección es no sentirse lo suficientemente bueno. No es necesario que intentes forzarte a dejar el comportamiento de sobrecorrección, solo tienes que enseñarte a ti mismo que eres suficiente.

Esto parece difícil, pero en realidad es sencillo. Así es como se hace.

1. Vuelve a conectar con tus opiniones sinceras.

Si te resulta demasiado difícil averiguar cómo te sientes en realidad sobre ti mismo, empieza por algo pequeño.

Prueba nuevos alimentos y ve si te gustan o no. Escucha una nueva lista de reproducción de Spotify y decide si te gusta o no. Ve una película y valórala con sinceridad. No pienses en si otra persona la aprueba o no, céntrate en cómo te sientes en tu cuerpo, corazón y mente.

Cuando empieces a reconectar con tus opiniones sinceras en pequeños detalles, repararás tus instintos.

2. Presta atención a tus instintos básicos.

Fíjate en cuándo tienes hambre, sed o cansancio. Eso es.

Simplemente nota cuándo sientes una de esas tres sensaciones y, cuando sea posible, date agua, comida y descanso.

Estos instintos de supervivencia, por desgracia, se desactivan en el proceso de sobrecorrección. ¿Cuántas personas conoces que estén deshidratadas, hambrientas y agotadas la mayor parte del tiempo? Probablemente muchas.

Empieza a honrar los instintos que sabes que puedes sentir, y luego responde a ellos en consecuencia.

3. Concede a otras personas tu aprobación.

Probablemente esto parezca totalmente retrógrado, pero para sentir que eres suficiente, debes empezar a validar a otras personas primero.

Cuando juzgas a otras personas (algo que todo el mundo hace), en el fondo estableces una norma para ti mismo. Si ves a una persona con éxito, la envidias y luego te dices a ti mismo, *en realidad, no es tan buena*, has establecido la norma de que debes conseguir más que ella para ser lo suficientemente bueno.

Con el tiempo, este listón llega tan alto que es imposible alcanzarlo.

Lo que realmente intentas es ser mejor que esas personas, porque sigues pensando que la valía y la conexión es una competencia, un juego que puedes ganar.

En cambio, si empiezas a apoyar, apreciar y validar a las personas por lo que son, por cómo son y por lo que hacen, esa gracia se extenderá naturalmente a tu propia vida.

4. Deja de tomarte todo como algo personal.

Esto es lo que ocurrió cuando empezaste a sobrecorregir en primer lugar.

La gente que te rodea proyectó en ti los problemas que tenían con ellos mismos, y luego los adoptaste como propios.

Alguien dijo: «Yo nunca me pondría eso», y tú lo tomaste como: «Yo tampoco debería».

Personalizaste una situación que no debiste personalizar. Lo has hecho tan a menudo que has acabado rigiendo tu vida por una serie de normas y expectativas que no son las tuyas y que nunca lo fueron.

Recuerda que cuando otras personas juzgan es una proyección de un problema que tienen consigo mismas, del mismo modo que tus juicios más severos sobre otras personas son proyecciones de problemas que tienes contigo mismo.

De este modo, puedes empezar a ver los orígenes de tus problemas menos como ataques personales contra ti y más como un efecto colateral de la herida de otra persona.

No puedes dejar de sobrecorregir tu vida porque no puedes arreglar algo que no está roto.

Cuando algo en tu vida en verdad necesite cambiar, lo sabrás.

Sabrás si tienes un problema real y probablemente serás capaz de percibir si estás corrigiendo en exceso. Lo percibirás porque, en el fondo, la vocecita que callaste hace tantos años sigue ahí, sigue diciéndote esta verdad.

De hecho, no encontrarás la energía para librar una batalla que ni siquiera crees que vale la pena librar. En su lugar, permanecerás en un estado de estrés y miedo a que otras personas no estén de acuerdo contigo en lo que es aceptable.

Y tienes razón, algunas personas no lo harán.

Pero mucha gente lo hará.

Cuando nos aceptamos tal cual somos, ocurre algo muy mágico: nos transformamos en todo lo que podríamos ser.

No podemos odiarnos a nosotros mismos para conseguir la vida que amaremos.

Soltar el juicio y decidir qué es suficiente para nosotros es el primer y más importante paso para reclamar nuestra vida como propia.

¿Y si quieres arreglar algo? Hazlo desde el respeto a ti mismo, no desde la duda de si serás capaz de convencer a la gente que te rodea de que eres lo suficientemente bueno para tu propia vida.

YA SABES CUÁL ES TU SIGUIENTE PASO, SOLO TIENES QUE ENCONTRAR LA VALENTÍA PARA DARLO

Tal vez no necesites encontrar más respuestas.

Tal vez no necesites hacer más búsqueda del alma.

Tal vez no necesites más claridad.

Tal vez lo que en realidad necesitas es el valor para continuar, aunque el camino ya no sea nuevo ni emocionante. Tal vez lo que necesitas es la determinación de seguir avanzando, aunque el proceso haya perdido su brillo, y en su lugar se haya instalado la monotonía y la rutina.

Diseñar conscientemente nuestra vida puede convertirse en una forma de escapismo. Nos eleva por encima de nuestra experiencia vivida hasta un lugar en el que creemos que aún no hemos aterrizado, por lo que en realidad no hemos comenzado. Empezamos a tener la idea de que podemos ponernos en pausa, que podemos guardar todo lo bueno que buscamos para más adelante, cuando estemos mejor, cuando las cosas estén más claras, cuando estemos mejor alineados.

Esta ruptura con nuestra línea del tiempo preexistente es absolutamente esencial, y la mayoría de la gente nunca encuentra el valor para hacerlo siquiera una vez. En lugar de ello, siguen con una vida que fue elegida para ellos por su entorno, por sus compañeros, por sus expectativas, y más que nada, tratando de evitar la incomodidad y el miedo.

Es valiente empezar, pero la mayoría de la gente se estanca de nuevo cuando llega el momento de continuar.

En lugar de permanecer en el viaje que nos lleva a alinearnos con la verdad de quienes somos, el proceso de descubrir más verdad puede volverse adictivo. Siempre estamos a un paso de empezar, siempre imaginando algún nuevo aspecto de un nuevo negocio, una nueva oportunidad, una nueva idea, un nuevo plan. Siempre nos preguntamos cuándo podríamos hacer nuestro próximo viaje a una costa extranjera para aprender algo nuevo sobre nosotros mismos, para traerlo de vuelta y plantarlo en el suelo de nuestra vida actual, y luego ver qué crece.

Tu vida no está en pausa hasta que lo resuelvas todo.

No es necesario descubrir capas y capas de directrices desde lo más profundo.

Lo que encuentras cuando escapas de ti es lo mismo de lo que huyes en primer lugar: la única persona que vas a ver al despertar, mirándote en el espejo, eres tú, no importa en qué parte del mundo ocurra.

La realidad es que probablemente ya sabes cuál es el siguiente paso correcto en tu vida, solo tienes que encontrar el valor para darlo.

No me refiero a la valentía de saltar, esforzarse o intentar algo nuevo por completo.

Me refiero a la valentía de levantarte cada día y seguir el plan.

Me refiero a la valentía de enfrentarte a tus demonios momento a momento.

Me refiero al valor de hacer lo que es menos gratificante en el momento porque es lo que te conviene a largo plazo.

Me refiero a la valentía de seguir adelante, incluso a pesar de los fracasos, aunque hayas metido la pata, incluso a pesar de que es muy posible que vuelvas a hacerlo.

Me refiero al valor de acoger tu humanidad.

Me refiero a la valentía de aceptar que no todos los días son buenos, incluso cuando estás viviendo la vida de tus sueños.

No me refiero al valor de saltar y construir tus alas mientras caes, sino al valor de seguir avanzando, aunque sea duro, aunque estés cansado, aunque sientas que el mundo se te cae encima, aunque sea injusto, y aunque preferirías adormecerlo todo y evitarlo por completo.

El siguiente paso correcto en tu vida no siempre es el que más te asusta.

A veces, es el que más te aburre.

A veces, es la opción menos emocionante.

A veces, es el que estás evitando, resistiendo y del que estás huyendo, porque es el paso que requiere que hagas las paces con tu incomodidad, que metabolices tu incertidumbre y que hagas lo que sabes que habrás deseado hacer dentro de unos años.

Hablo de autodisciplina.

Hablo de visión.

Hablo de no confundir el bosque por los árboles.

Porque al final del día, casi todos sabemos qué es lo correcto, el viaje consiste en desarrollar el coraje, la valentía, la determinación y la voluntad de hacerlo una y otra vez.

No siempre se trata de cómo podemos empezar de nuevo, sino de cómo podemos estar presentes.

No siempre se trata de llegar a la cima de la montaña; a veces basta con estar dispuesto a dar unos pasos en el camino y saber que es suficiente.

No es que tu vida no pueda ser nunca emocionante, sino que la mayoría de nosotros tenemos la ilusión irreal de que todo debe ser una experiencia cumbre todo el tiempo. Esto nos lleva a un proceso de desarraigo constante, que es el comportamiento autosaboteador de plantar semillas, hacerlas brotar y volver a empezar.

Lo que necesitamos no es siempre el valor de interrumpir el *statu quo*, sino más bien permanecer en el nuevo camino que hemos elegido durante el tiempo suficiente para poder construir los nuevos patrones que buscamos, crear la nueva normalidad que deseamos y, finalmente, ver los resultados que sabemos que son posibles, si tan solo podemos navegar a través de los momentos en que no estamos inspirados.

Nadie se siente inspirado todo el tiempo.

No se trata de esperar hasta que te sientas preparado.

Se trata de hacerlo de todos modos, y saber que la presteza llegará.

ESPERO QUE APRENDAS A EMPEZAR DE NUEVO CON SUAVIDAD

Tu vida será una serie de inhalaciones y exhalaciones, y no me refiero a cómo tu cuerpo consume oxígeno y expresa carbono.

Quiero decir que llegar a ser uno mismo es una serie de construcciones y deconstrucciones, de intentos y fracasos, de estar presente y, a veces, de dar la espalda.

Porque cuando no sabemos volver a empezar con suavidad, entonces no sabemos vivir.

Nadie está hecho para un solo camino.

Se trata solo de cómo respondemos al momento, cómo nos adaptamos, cómo nos acercamos cada vez más a nuestro yo real, cuando empezamos a sentir que sabemos por qué estamos aquí.

Espero que aprendas a empezar de nuevo con suavidad.

Espero que aprendas a mirarte a ti mismo y a saber que no eres exactamente la persona que quieres ser, sin condenar a la persona que eres en la actualidad. Espero que aprendas a ver tu evolución, no como un ascenso lineal hacia la perfección, sino como un proceso de desentrañar por qué quieres perfeccionarte en primer lugar. ¿Qué es lo que se siente tan arruinado? ¿Y quién te enseñó que era así?

Espero que aprendas que el éxito tiene menos que ver con la visión que con la coherencia, porque las ideas son fáciles y todo el mundo las tiene. Es lo que se hace con constancia lo que realmente permite ver la viabilidad. Es haciendo todo el tiempo como aprendes a crecer. No se supone que lo hagas todo bien la primera vez, sino que sigas intentándolo hasta que lo consigas.

Espero que aprendas que amar es muy parecido a la vida: lo toma todo y lo devuelve todo. Y fusionar tu vida con la de otra persona es el mayor honor que jamás tendrás, así que espero que aprendas a doblar, no a romper, a comprometerte, no a arrebatar, y a apreciar, no a asumir.

Espero que aprendas que tú también eres tu propio proyecto, tu propia musa, tu propio amor.

Espero que aprendas que te perteneces a ti mismo.

Espero que aprendas que no estás destinado a crecer una vez y nunca más, sino a enamorarte del proceso de construir y desarmar, y reconstruir de nuevo.

La vida nos llama a despojarnos de nosotros mismos en diferentes momentos.

Nada podemos hacer para evitarlo: ningún dogma, ninguna confianza, ninguna creencia, ningún cúmulo de pertenencias puede quitarnos esta exigencia.

No estamos aquí para ser una sola persona ni tampoco una serie de personas apiladas, luchando por la relevancia, el dominio y el espacio.

Morimos y renacemos a menudo.

En lugar de aferrarte con fuerza a lo que te da un lugar, espero que aprendas que el crecimiento es realmente aprender a amar lo que tienes mientras lo tienes, estar donde estás mientras estás ahí, y no ponerte demasiado nervioso por el hecho de que todavía eres un trabajo en progreso.

No hay un punto en el que se supone que estás terminado.

El único punto final es la muerte.

Tu vida consiste en volver a empezar con suavidad, cada día, cada hora, de forma sutil y disruptiva, hermosa y melancólica, sorprendente y esperada.

Espero que aprendas a sacudirte suavemente el polvo y a empezar de nuevo, porque la vida es demasiado corta para permanecer estancados, la vida está demasiado llena para beber solo una cuarta parte del vaso.